세일즈에
빠지다

세일즈에 빠지다

초판 1쇄 · 2020년 8월 5일

지은이 · 윤기주
제　작 · ㈜봄봄미디어
펴낸곳 · 봄봄스토리
등　록 · 2015년 9월 17일(No. 2015-000297호)
전　화 · 070-7740-2001
이메일 · bombomstory@daum.net

ISBN 979-11-89090-36-4(03320)
값 15,000원

윤 기 주 지음

Chasing
my
dream
...

세일즈에
빠 지 다

좌 충 우 돌
노 심 초 사
내 가 만 난
세 상

봄봄
스토리

"영업은 물건을 파는 것이 아니라,
  자기 자신을 파는 것이다."

– 야마모토 후지미쓰

INTRO

    보험 세일즈를 시작한지 올해로 10년을 맞았다.

    교보생명 내에서만 매해 약 5천 명 정도의 새로운 FP가 보험 세일즈를 시작하고 있고, 전체 보험사로 보면 매해 2만 명의 사람들이 보험 세일즈에 도전한다. 내가 2010년 입사할 당시 지원단 입사동기가 20명이었는데, 지금 남아있는 사람은 나 하나이다. 이걸 보면, 이 분야의 생존율은 5%정도인 것 같다.

    영업의 최전선이라는 보험 세일즈를 하면서 수없이 많은 FP들의 떠나는 뒷모습을 봐 왔다. 누구나 도전할 수 있는 일은 맞으나, 아무나 성공할 수 없는 일인 건 분명하다. 도대체 왜 보험 세일즈는 이렇게 어려운 것인가!

    내가 입사한 이후 10년간 교보생명이 새롭게 만든 종신보험 상품은 그 종류가 15가지가 넘는다. 생명보험회사에서는 종신보험을 어떻게 하면 잘 팔 것인가가 늘 영업 전략의 최대 핵심이다. 피보험자가 사망하면 수익자에게 사망보험금이 지급되는 종신보험은 예전이나 지금이나 가장 팔기 어려운 금융상품이다.

그 이유는, 가장의 갑작스런 사망으로 가장 타격이 큰 30~40대가 그 위험을 대비해서 가입해야 하는 것이 종신보험인데, 한국 남자들의 머릿속에는 다른 사람들은 다 죽어도 난 절대 죽지 않는다는 "불사조 정신"이 강하게 깔려 있다. 나는 절대 죽지 않는다는 굳은 신념을 갖고 사는 사람에게 그 신념을 변화시켜서 보험가입을 하게 하는 건 결코 쉬운 일이 아니다.

그래서 보험회사는 고객의 신념을 변화시키기보다 스스로 변화하는 방법을 선택했다. 반드시 죽어야 나오는 사망보험금 지급의 종신보험이 아닌, 내가 살아서도 받을 수 있는 종신보험을 판매하기 시작한 것이다. 보험회사는 금융시장의 흐름에 발맞추어 고객의 니즈(needs)에 맞게 끊임없이 새로운 상품을 만들고, 고객이 활용하기 유용한 기능들을 탑재하고 있다. 게다가 초고령화, 초저금리, 초고세금 시장이 지속되고 있는 실정이다. 따라서 자연스럽게 절세 효과가 있고, 적용이율 혜택이 좋은 보험 상품이 고객들에게 선택받기 훨씬 유리해졌다.

그렇다면 모든 여건이 우리가 영업하기에 좋은 환경으로 변화되는 것이 확실한데, 왜 아직도 보험영업은 어려운 것일까. 무엇이 우리를 힘들게 만드는 것일까. 그 이유는 아마도 여전히 우리 마음속에는 두려움이 존재하기 때문일 것이다.

지난 10년을 돌아보면, 처음에 나는 엄청난 숲이 우거진 정글에 던져져 수없이 많은 길을 들어섰다 나오길 반복했다. 무성한 가지를 치고 돌을 치우며 길을 찾아 다녔다. 그렇게 돌고 돌아 마침내 찾아낸 길은 꼬불꼬불 복잡한 길이 아닌, 가지런하게 똑바로 곧은 길이었다. 많은 분들의 도움으로 함께 가지를 치고 돌도 치우며 여기까지 왔지만, 아무도 이 길이 이렇게 가지런하고 곧은 길이라고 미리 말해준 사람은 없었다. 미리 알았더라면 덜 두렵지 않았을까? 왜 다들 어렵고 복잡할거라고만 말했을까? 가보지 않은 길에 대한 두려움은 이 길이 곧은 길임을 내 눈으로 직접 확인하기 전까지 나를 괴롭혔다.

현재 내가 근무하는 교보생명에는 FP를 여러 등급(성과와 유지

율, 불완전판매율 등의 기준)으로 나누어 운영하고 있다. 매년 전체 FP 의 상위 약 1%정도인 120명 정도가 Prime Leader(프라임리더)에 선발된다. 이 프라임리더에 5년 연속 선발되면 여러 혜택 중 하나가 본인이 근무하는 곳에 별도 사무공간을 지원받는 것이다. 나는 2015~2019년 연속 5년 프라임리더 달성으로 2020년 5월, 드디어 내 사무공간을 갖게 되었다. 지난 10년의 굽이굽이 구불 길을 돌아보자니, 다시 준비하는 10년은 이제 두려움보다 설렘이 더 크다.

세일즈는 알면 알수록 심플한 진리와 본질을 중심으로, 일정한 법칙이 존재하는 일이다. 그 진리와 본질을 깨우치고 법칙만 잘 익힌다면 이 일은 정말 쉬운 일이다. 아니, 어려운 일이지만 쉽고 즐겁게 일할 수 있다는 표현이 정확할 것이다.

세상 모든 것은 세일즈가 아닌 게 없다. 종류만 다를 뿐 다 무언가를 파는 일이다. 내가 다른 성공 세일즈맨들에게 많은 정보를 얻었듯, 나도 보험 세일즈로 성공을 꿈꾸는 사람들에게 나의 성공 노하우를 공유하고 싶다. 그리하여 나와 같은 일을 하는 FP들에게 내가 깨달은 법칙을 알려줘 도움이 되고 싶다. 그리고 지금도

이 일을 어려워하는 FP들에게 이 길은 당신이 생각하는 것 같은 구불 길이 아니라 똑바로 곧은 길이라고 말해주고 싶다.

영업만으로도 하루 24시간이 부족한 내가 밤낮을 쪼개고 온 마음과 정신을 쏟아내며 이 책을 쓰는 이유가 있다. 내 안의 열정을 주체할 수가 없어서이다. 도움을 요청하는 누군가에게 내가 도움이 될 때, 그 사람이 나로 인해 희망을 얻고 눈빛이 반짝일 때 나는 가슴이 뜨거워지고 보람을 느낀다. 인간은 혼자가 아니라 함께일 때 진정한 행복을 느낀다고 한다. 주변의 많은 사람들과 함께 행복하고 싶은 마음이 간절하다.

정말 무모할 정도의 용기로 책을 쓰기 시작했고, 출판까지 하게 되었다. 이 책을 읽은 고객은 한번의 선택으로 30~40년 인생 전반의 위험관리를 해줄 동반자를 잘 선택하길 바라고, 또한 FP는 즐거운 세일즈 법칙을 익힘으로써 고객과 함께 오랫동안 Long Run 하는 계기가 되길 기대한다.

CONTENTS

제2장

세일즈에 빠지다

CONTENTS

제4장

세일즈는 결국, 신뢰를 파는 것!

제 **1** 장

모든 점은
연결되어 있다

길을 걷다가 돌을 발견하면
약자는 걸림돌이라고 하고, 강자는 디딤돌이라고 한다.

– 토마스 칼라일

형제갈비에서 삐삐알바까지

대학을 진학하면서 부모님의 도움은 모두 끊겨 생활하는데 필요한 모든 비용을 혼자서 해결해야 하는 처지가 되었다. 그나마 등록금은 부모님께서 주셨으니 다행이라고 생각했다.

대학 입학과 동시에 돈을 벌어야 했지만, 난 단 한 번도 가난한 적이 없었다. 하고 싶은 것, 사고 싶은 것이 있으면 참지 못하고 반드시 해야 하는 성미라서 늘 돈이 필요했다.

이런 스무 살의 철부지 여대생에게 가장 쉬운 아르바이트는 커피숍 서빙이었다. 당시 커피숍 아르바이트는 시간당 1,400원이었던 것으로 기억한다. 그런데 며칠 일을 해보니, 이 일로는 내가 하고 싶은 것을 다 할 수 없다는 것을 깨달았다. 나는 힘들어도 돈을 더 많이 벌수 있는 아르바이트가 필요했다. 그래서 여기저기 알아보다가 지금도 있는 연대 앞 '형제갈비'에서 갈비탕 서빙을 했다. 갈비탕 네 그릇을 점심시간 내내 서빙하다 보면 등은 땀으로 젖고, 다음 날 학교에서 펜을 잡고 수업을 듣기 어려울 정도로 팔이 아팠다. 나는 그 희생의 대가로 리바이스 청바지를 입었고, 당시 유행했던 고가의 스톰 브랜드 떡볶이코트도 샀다. 친구들에게는 부러움의 대상이었다. 하지만 대학을 다니며 공부와 일을 병행해야 하는 처지에 있는 나로서는 갈비탕 서빙 아르바이트를 계속하기에는 시간적인 어려움이 컸다. 갈비탕 아르바이트로 다른 친구들에 비해 큰 돈을 벌어 본 나는 더 이상 돈을 적게 주는 아르바이트는 할 수 없었다.

두 번째 아르바이트는 전단지를 돌리는 일이었다. 아침잠이 너무 많은 나에게는 일찍 일어나는 것이 가장 힘들었다. 하지만 주어진 분량만 채우면 약속한 돈을 받고 나머지 시간을 활용할 수 있다는 것은 매우 유리한 조건이었다. 새벽에 일어나 1,000장, 2,000장을 정해진 구역에 뿌리기만 하면 되는 전단지 아르바이트는 나에게 너무나 쉬운 일이었다. 물론 돈도 더 많이 벌 수 있었기 때문에 전단지 아르바이트가 갈비탕 아르바이트보다 유리했다. 그러나 세상은 이런 계산대로만 되는 것이 아니었다. 전단지 아르바이트를 제공하는 사업자에게 어린 여대생은 너무나 쉽고 만만한 상대였다. 처음에는 주어진 분량을 다 뿌리지 않고 버렸다고 트집을 잡아 돈을 적게 주더니, 하루하루 정산을 미루고 마침내 일주일 치의 돈을 지급하지 않는 일까지 벌어졌다. 그런데 돈을 벌기도 전에 이미 쓸 곳이 정해져 있는 경우가 대부분이었다. 항상 내가 벌수 있는 돈의 범위 내에서 생활을 했기 때문에 급여를 받지 못하면 생활 계획에 완전히 착오가 발생했다. 전단지 오너는 한 주를 더 하면 2주치 돈을 주겠다는 약속을 몇 번이고 했지만, 나에게 대가 없는 노동은 일주일로 충분했다. 이미 벌어진 일을 만회하기 위해서 또 다른 미래를 희생을 할 수 없다는 생각에, 받지 못한 일주일치의 대가는 좋은 수업 정도로 생각하고 과감하게 접었다. 그 어린 나이에 고생했던 것을 생각하니 서러움에 엄청 많이 울었던 기억이 지금도 생생하다.

하지만 아르바이트가 없이는 하루도 생활할 수 없는 처지였다. 그래서 찾은 아르바이트는 지하철역 앞에서 작은 파라솔과 테이블을 깔고 '삐삐'를 파는 일이었다. 지금으로 보면 핸드폰 개통 아르바이트 정도라고 이해하면 쉬울 듯하다. 시간당 기본 수당이 있었고, 핸드폰 한 개를 개통할 때마다 인센티브가 있는 아르바이트였다. 일한 것에 대한 성과, 즉 인센티브라는 것을 처음으로 경험하게 된 내 인생의 첫 세일즈였다. 처음 시작할 때는 매대에 우두커니 서서 손님을 기다렸다. 그런데 사람들은 대부분 그냥 지나가기만 했다. 하루 한두 개 팔기가 어려웠다. 그렇게 며칠 하다 보니 '어차피 나와 있는 시간이니, 돈을 바짝 벌자'는 생각으로 매대에서 소리를 치기 시작했다. "최신 삐삐 개통하세요! 귀여운 모델 보고가세요!" 지나가는 사람들이 관심을 갖고 구경을 하거나 문의를 했다. 당연히 판매대수가 확 올라갔다. 정말 재미있었다. 내가 재미있다는 생각을 가지게 한 것은 다른 게 아닌 돈을 많이 버는 것이었다. 당시 정확하지는 않지만 하루 일당이 5만 원이 넘었던 적도 있었던 것 같다. 커피숍 알바는 하루 만 원 벌기가 빠듯했는데, 이 알바는 요즘 말로 정말 '꿀알바'였다. 난 당연히 단 하루도 삐삐 개통을 공치는 경우가 없었고, 잘 팔리지 않는 날은 더 크게 소리치면서 적극적으로 삐삐를 팔았다. 밖에서 하는 일이다 보니 겨울엔 춥고 여름엔 더운 게 가장 힘들었다. 겨울엔 종일 얼굴이 얼어있다 녹으니 겨울 내내 얼굴이 홍당무처럼 빨갰다.

삐삐를 팔던 어느 날, 갑자기 엄청난 소나기가 쏟아졌다. 내 몸은 전혀 개의치 않고 삐삐를 젖지 않게 하기 위해서 물건을 챙기느라 나는 완전히 물에 빠진 생쥐가 되었다. 하얀 면 티를 입고 있었는데 그 지경이 되었으니 얼마나 흉하고 우스꽝스러웠을지 상상을 해보라. 나에게 아르바이트를 준 점주도 당시 고가인 삐삐가 물에 젖으면 낭패라는 것을 너무 잘 알기 때문에 서둘러서 현장에 도착했는데 내가 흠뻑 젖은 것을 보고도 첫마디가 "물건은?"이라고 물었다. 물건이 모두 무사하다는 것을 확인한 후에야 내 모습을 보고 웃으면서 정말 고맙다고 하며 당시 인센티브와 기본 수당 외에 '만 원'을 더 지급하는 것이 아닌가? 나는 비에 젖었지만 보너스로 받은 '만 원'이 나의 모든 수고를 잊게 했다. 삐삐알바는 나에게 세일즈 맛을 느끼게 해준 엄청난 계기가 되었다.

"시도하지 않는 곳에 성공이 있었던 예는 결코 없다."
– 윤기주

월급쟁이,
그 달콤한 안식을 버리다

공부에는 취미가 없던 나에게 대학 졸업은 정말 재미있고 기대되는 이벤트였다. 그러나 대학을 졸업하고 난 다음에도 대학생처럼 아르바이트로 생활을 꾸릴 수는 없는 일이었다. 대학을 다닐 때 나에 대해 좋은 이미지를 가지고 있었던 교수님께서 한 회사에 추천서를 써주셨는데, 그 회사 대표는 당시 그랜저 광고에 나올 정도로 유명한 분이었다. 회사는 강남구 압구정동에 있었고, 특별한 준비 없이 추천서를 들고 처음으로 강남이란 곳에 가보게 되었다. 그런데 교수님 말씀만 들었을 때는 바로 입사를 하는 줄 알았는데 그게 아니었다. 그래도 직장 취업이어서 면접관이 여러 가지 나의 조건을 물었다.

면접관이 나에게 물은 첫 번째 질문은 "엑셀, 파워포인트, 워드를 잘하는가."였다. 나는 망설임없이 "예. 문서를 만들 정도로 할 수 있습니다."라고 대답했다. 사실 나는 대학시절 조금 다뤄본 컴퓨터가 어렵게 느껴졌고 당연히 문서를 혼자서 만들 능력은 없었다. 하지만 교수님께서 추천해주신 일자리였다. 기본적인 문서작업을 잘 못한다는 이유로 거절되어 교수님께 누를 끼치고 싶지 않은 마음과 '그 정도야 배우면 되겠지' 하는 생각이 동시에 있었던 것 같다.

첫 출근부터 직장생활은 나에게는 좌충우돌이었고 많은 우여곡절이 있었다. 처음 주어진 숙제는 상사에게 받은 엑셀 파일을 정리하는 것이었다. 다행히 퇴근 시간이 가까워온 무렵에 주어진 업무지시여서 내일까지 해놓겠다고 약속하고 퇴근했다. 그 길로 내가 찾아간 곳은 엑셀을 잘 하는 고등학교 동창 친구 집이었다. 전자공학을 전공하는 그 친구는 한글, 엑셀, 파워포인트를 너무 잘 다루었다. 나는 주어진 일이 무엇인지 파악하는 것조차 어려운데, 그 친구는 한 시간도 채 걸리지 않고 일을 끝내는 것이 아닌가? 나는 완벽하게 마무리 된 일을 가지고 내일 출근할 생각을 하니 너무 즐거웠다.

다행히 이번에는 운 좋게 이렇게 친구가 도와줄 수 있는 상황이었지만, 그런 상황이 안 될 때를 대비해서 나 스스로 할 수 있게 준비해야겠다고 생각을 하고 엑셀을 배우기 시작했다. 친구가 한 시간도 걸리지 않은 일이었기에 한두 시간이면 배울 줄 알았다.

그런데 거의 밤을 꼴딱 샐 정도로 오랜 시간이 걸렸다. 아침에 잠깐 눈을 붙이고 출근했다. 그렇게 한 달을 보냈고, 매일 배우고 오래 걸리지만 직접해보면서 실력이 늘었다.

지금 내가 문서를 다루고 작업하는 모든 것은 그 당시에 밤을 새워가며 한 달 동안 배운 실력 덕분이다. 그때 '몸으로 익힌 것은 사라지지 않는다'는 진리를 배웠고, 수개월의 피나는 노력으로 첫 직장생활을 큰 어려움 없이 근무할 수 있었다. 처음에는 사무보조로 입사를 했지만, 얼마 지나지 않아 대표이사 비서로 승진을 했다. 그 후 큰 어려움이 없이 지낸 2년의 직장생활은 나에게 가장 편안하고 안락한 생활이었던 것 같다. 그러나 그 편안하고 안락한 생활이 나를 행복하고 즐겁게 해주지는 않았다. 매일 출근하면 같은 일의 반복이었다. 한 달을 기다려서 받은 월급은 당시 170만 원 정도로 또래 친구들보다는 많은 돈을 받았지만, 부모님 용돈과 생활비를 제외하고 나면 50만 원 저축하기도 힘든 생활이었다.

그러던 어느 날, 내가 이렇게 10년을 직장 생활을 하면 내 인생에서 남는 것은 50만 원씩 저축한 5,000만 원이 전부일 것이라는 생각이 들었다. 그 생각은 오랫동안 머릿속을 떠나지 않았다. 그럼 난 언제 차를 사고, 집을 사지? 한 번도 생각해보지 않았던 미래를 그려보니 그렇게 편안하고 안락했던 직장생활이 재미없고 불행한 삶으로 바뀌었다. 직장의 조건이 바뀐 것도 아니고, 회사가 압구정에서 지방으로 옮긴 것도 아니고, 급여가 줄어든 것도 아니었다. 그런데 그렇게 편안하고 안락했던 직장이 순식간에 지루하고 힘든 곳으로 변할 수 있다는 말인가? 모든 것은 마음먹기에 달린 것이었다.

그 후 나는 새로운 도전이 필요하다는 것을 깨달았다. 그러나 내 주위에는 인생에 대해서 올바른 조언을 해주고 미래를 그려줄 능력 있는 멘토가 없었다. 그렇게 몇 주를 보내고 나니 길가에 수없이 많은 부동산이 눈에 띄었다. 인터넷으로 부동산 중개업이 향후 전망이 좋고 돈도 많이 벌수 있다는 정보를 확인했다. 난 바로 공인중개사 시험에 대한 리서치를 하고, 과감히 그 편안한 직장을 떠나 종로 박문각 학원으로 몸을 옮겼다. 어머니가 나에 대한 걱정으로 너무 많이 우셨던 기억이 지금도 난다. 멀쩡한 회사를 그만 두고 확실치도 않은 길을 위해 공부를 한다니 걱정되는 건 당연한 일이었다.

직장에서 학원으로 환경이 바뀐 나는 거의 한 달을 충격 속에서 살았다. 공인중개사 시험은 대부분이 법률용어였고, 내가 25년을 살면서 한 번도 들어보지 못한 단어들 뿐이었다. 모든 수업이 전혀 알 수 없는 외국어처럼 들렸다. 게다가 원래부터 공부와는 거리가 멀어 어디서부터 어떻게 이 난관을 극복해야 할지 앞이 막막했다. 그러나 나는 모아둔 돈이 많지 않았고, 돈을 안 벌면서 1년 이상을 버틸 수는 없었다. 반드시 2003년 10월에 있는 시험에 합격해야만 했다. 나는 난생 처음 들어보는 공법, 민법, 부동산학 개론 등등을 이해하고 습득할 여유가 없었다. 그래서 내가 합격하기 위해 세운 유일한 전략은 책을 통째로 외우는 것이었다.

　학창시절부터 나름 외우기는 자신이 있었고, 단순암기만 하면 된다고 생각하니 어렵지 않았다. 나는 8개월동안 학원 수업을 받는 중에 단 하루도 빠짐없이 경비 아저씨가 건물 출입구 셔터를 올리면 1등으로 강의실에 도착해서 맨 앞자리에 앉아 수업을 들었다. 강의시간에는 온 정신을 집중해서 듣고, 강의가 끝나면 다시 반복해서 보면서 매일 당일 암기를 했다. 주말에는 그동안 출제되었던 기출 문제들을 중심으로 해당 챕터에 관련된 문제를 모두 풀면서 완전 암기하는 전략으로 공부를 했다. 그렇게 보낸 시간이 헛되지 않아 14회 공인중개사 시험에 합격을 하게 되었다. 고등학교 때 이렇게 공부를 했으면 정말 좋은 대학을 갈 수 있었을 것 같은 생각이 들기도 했다. 하지만 고등학교 공부는 나에게 부동산 중개사 자격증처럼 간절하지 않았고, 열정을 주지도 않았던 것 같다.

　공인중개사 공부를 하면서 가장 기억에 남는 건 김밥이다. 당시

천 원짜리 김밥이 많았는데 매일 하루 두 끼를 김밥으로 때웠다. 평생 먹을 김밥을 그 1년 동안 다 먹은 것 같은데, 여전히 난 제일 좋아하는 음식이 김밥이고 지금도 많이 먹고 있다. 돌아보면 내 인생에 가장 가난하고 배고픈 시절이었지만, 더 나은 미래를 위해 투자한 시간이라고 생각하며 설렘과 기대로 힘든 줄 모르고 지나간 것 같다.

"14회 공인중개사 자격증 취득,
내 인생의 새로운 도전이 시작되었다."

윤기주 공인중개사 사무소

공인중개사 자격증을 취득했다고 바로 부동산 사무실을 오픈하는 경우는 거의 없다. 게다가 26살의 어린나이에 혼자서 부동산 사무실을 오픈한다는 건 당시에 아무도 상상 못할 일이었다. 대부분은 기존에 있는 부동산 사무실에 실장으로 들어가서 업무를 배우고 경험을 쌓아서 오픈을 하는 것이 일반적이다. 하지만 난 몸으로 직접 익히는 게 가장 **빠르고** 확실하다는 생각과 시간을 아끼고 싶은 생각에 내 부동산 사무실을 바로 개업했다. 얼마나 자신감이 넘쳤는지 부동산 이름을 '윤기주 공인중개사 사무소' 라고 정했다. 내 이름 석자를 걸고, 내 사업을 멋지게 시작하고 싶은 포부를 간판에 새겼다.

당시 대부분의 중개사 사무실 명칭이 ○○부동산이었다. 그런데 기존의 낡고 오래된 부동산 이미지를 탈피하고 신선한 이미지와 전문성을 드러내기 위해 공인중개사 사무소라는 이름을 걸었다. 사무실은 우리 집 근처였던 제기동 사거리에 위치하고 보증금 천만 원에 월세 60만 원인 3평도 채 되지 않는 공간을 임대했다. 공간도 협소하고 건물도 낡고 오래되었지만 대로변 사거리라는 점과, 권리금 없이 들어갈 수 있다는 조건이 마음에 들어 바로 계약을 했다. 그 때 보증금 천만 원은 어머니가 제일생명 보험을 해약해서 지원해 주셨다. 어머니의 피 같은 쌈짓돈을 빌리면서 "엄마 내가 벌어서 열 배로 갚아줄게!"라고 했는데, 말이 씨가 되어 몇년 전 정말 열 배의 돈을 돌려 드렸다.

엄청난 포부와 설렘으로 시작한 '윤기주 공인중개사 사무소'는 경험이 전혀 없는 터라 모든 것이 시행착오 투성이었다. 내가 둥지를 튼 제기동 사거리 코너는, 재래시장으로는 서울에서 최대 규모를 자랑하는 경동시장을 옆에 끼고 있었다. 그래서 상가시장의 빈번한 거래를 예상했으나, 그 기대는 한 달이 가지 않아 산산조각이 되어 버렸다. 경동시장 상가는 자체적으로 상가 발전위원회가 있어서 그곳을 통해서만 모든 매매나 임대가 이루어지는 것이었다. 왜 사거리 코너인데도 부동산이 없었는지, 권리금도 형성이 되어있지 않았는지 나중에서야 깨닫게 되었다.

그러나 나는 절대 포기할 수 없었다. 부동산 사무실을 중심으로 주변 부동산의 시장 조사를 시작했다. 경동시장을 제외한 다른 블럭은 주로 한옥이 많이 있었는데, 당시 한옥은 대지면적은 크고 건물 가격이 낮아서 다세대주택이나 연립보다 구매자가 많았고 거래도 빈번했다. 그리고 블록 안쪽으로는 꽤 많은 주택과 사무실이 임대로 나와 있었다. 일단 나는 거래가 빠르고 쉬운 주변 주택과 사무실의 임대 계약으로 사무실 유지비를 충당하기로 했다.

매일 아침 출근 전 집집마다 명함을 돌리고, 주변 사무실에 얼굴도장을 찍기 시작했다. 지역과 직업의 특성상, 명함을 돌리니 나같이 젊은 아가씨가 부동산을 한다고 신기해하는 분들이 많았다. 게다가 부동산 이름에 내 이름을 건 것을 보고 기특해하고 재미있어 하셨다. 그렇게 시작된 홍보활동에 효과가 나타나면서 임대계약만으로도 사무실 월세와 유지비를 충당하는 데 문제가 없었다. 그러나 내가 안락한 월급쟁이 생활을 버리고 매일 김밥을 먹으며 자격증을 딴 것은 과거보다 더 나은 삶을 위해서였다. 그 정도로는 만족할 수 없었다.

부동산으로 돈을 벌기 위해서는 매매거래가 반드시 있어야 했다. 손님들의 관심이 많은 주변 한옥 매물에 대한 정보를 수집하기 시작했다. 직접 가서 사진을 찍고, 찍은 사진과 정보를 한눈에 보기 쉽게 파일에 넣었다. 손님이 오면 금액에 맞는 물건들을 일목요연하게 브리핑했다. 그 노력으로 사무실을 오픈한지 4개월 만에 처음으로 4억2천만 원에 한옥 매매 중개를 성사시키게 되었다. 당시의 중개수수료는 6억 미만의 주택은 0.4%였으니, 매수자와 매도자 합쳐서 300만 원이 넘는 수수료를 받게 되었다. 계약한 건으로 과거 내 두 달치 급여를 벌어보니 신기하고 일에 더 흥미가 붙었다.

하지만 1년 넘게 제기동에서 내가 상대하는 손님들은 60대가 넘은 연세 많으신 한옥 소유자들, 장사 경험이 많은 경동시장 근처 상인들, 4인 가족이 방 한 칸 얻어서 살아야 하는 서민들이 대부분이었다. 같은 일을 하는데 너무 어려운 시장에서 힘들게 버티고 있다는 것을 깨달았다.

그러던 중 열심히 사는 나를 기특하게 보신 65세 한옥 소유자였던 아주머니가 전속중개로(전속 중개라 함은 본인의 집을 한 부동산 한테만 매물로 내놓겠다는 의미이다.) 본인 집을 팔아달라고 나에게만 매매를 위탁했다. 사무실에 오는 매수자에게 열심히 브리핑하고 광고도 하면서 두 달 노력 끝에 소유주가 원하는 가격보다 높은 가격으로 매매를 성사시키게 되었다. 매매가 6억 원 이상의 주택매매에 대해서는 매매가의 0.9% 이내로 협의규정이 있었다.

소유주가 원하는 매매가보다 더 좋은 금액으로 매도되었기 때문에 당연히 수수료는 규정 내에서 최고요율로 받았다. 내가 부동산을 시작하기 전만해도 수수료 요율이라는 게 정해져 있지 않아서 정말 부르는 게 값이었다. 당시 부동산중개로 돈을 엄청 번 사람도 많았다고 들었다. 수수료 요율이 정해져 있어서 많이 받을 수는 없지만 어린나이에 수수료 흥정을 하는 것보다는 정해진 요율을 받는 게 나에게는 훨씬 편했다. 매도자는 최고요율의 수수료를 정말 기쁜 마음으로 지불했고, 사무실에 화분까지 사다주며 정말 고맙다는 이야기를 여러 번 했다.

그런데 몇 달 후 구청에서 중개업법 위반이라고 조사를 나오는 것이 아닌가? 이유인즉, 한옥 소유주가 매각한 후에 한옥 가격이 많이 올랐고, 소유주는 너무 싸게 팔고 중개수수료를 많이 받았다고 구청에 신고를 한 것이었다. 당시의 충격은 이루 말할 수가 없었다. 내 나이 27살에 감당하기엔 너무 충격적인 사건이었다.

그 일을 계기로 제기동을 떠나기로 결심했다. 무권리로 들어갔던 '윤기주 공인중개사 사무소'를 권리금 2,000만 원에 팔았다. 같은 일을 하는데 일부러 어려운 시장에서 고생할 필요가 없다고 생각했다. 몸으로 직접 부동산중개업을 익히는 건 지난 1년 6개월로 충분했다. 제기동에서의 모든 경험은 이후 내가 어디서 부동산중개업을 하든 단단한 밑거름이 되었고, 세일즈의 가장 기본이 되는 사업가 정신을 확고하게 심어 주었다.

　지금 제기동 사거리에는 다른 이름의 부동산 사무실이 있는데, 그 곳을 지날 때마다 가슴이 뭉클하다.
　사무실을 정리하면서 부동산 시장조사를 동시에 했고, 나는 맨 처음 직장생활을 했던 강남으로 목적지를 정했다.

　　"대한민국에서 부가 축척된 곳 강남으로 가자!"

다시 강남,
역삼역 5층 부동산

　나의 선택은 늘 무모할 만큼 '맨땅에 헤딩'이었다. 직접 리서치하고 확신이 서면 바로 실행이었다. 거사일수록 결정이 더 빠르다. 중요한 결정일수록 깊게 고민한다고 해서 더 좋은 답이 나오는 게 아니고, 뭐든 실행해보고 수정하는 게 가장 확실하다는 것이 나의 나의 생각이다. 장고 끝에 악수 둔다는 말이 있듯이.

　당시는 인터넷이 아주 활발하지는 않았지만 그래도 구인광고, 구직광고는 주로 인터넷으로 이루어지던 시대였다. 강남으로 진출해야겠다고 결정한 이상, 하루도 미룰 이유가 없었다. 인터넷 광고를 통해 찾아간 역삼역 1번 출구 '역삼부동산'은 내가 가지고 있던 모든 상식을 무너뜨리는 곳이었다. 이왕 강남으로 가는 거 강남의 중심 테헤란로로 가는 것이 목표였고, 회사의 주소지를 지도에서 확인하고 면접을 보러갔다. 그런데 도착해서 전화를 하니 5층으로 올라오라고 하는 게 아닌가. 지금까지 나는 부동산 중개 사무소는 1층에 위치하면서 주로 지나가다 들어오는(Walk-in) 손님을 맞이하는 것인 줄만 알았다. 그런데 내가 찾아간 사무실은 역삼역 1번 출구에 엘리베이터가 없는 건물의 5층에 위치한 사무실이었다.

강남의 많은 부동산은 5:5 또는 6:4로 사장과 중개사가 비중이 같거나, 사장이 차지하는 비중이 더 많았다. 그러나 5층 엘리베이터가 없던 그 부동산은 4:6 으로 사장보다 내가 가져가는 비중이 더 많았다. 나는 이익 배분 비율이 높다는 것 하나만으로 다른 데를 찾아보지 않고 강남 부동산의 첫발을 '역삼부동산'으로 정했다. 강남으로 가기로 정하고 가장 먼저 한 일은 차를 사는 것이었다. 제기동에서는 거의 동네 주변이라 다 걸어서 다녀도 문제없었지만, 강남은 테헤란로를 중심으로 기본 8개 블록을 왔다 갔다 해야 하니 차가 필수였다.

제기동에서 번 돈과 사무실을 팔고 받은 돈은 언제 또 기회가 올지 몰라 '없는 돈이다.'고 생각하고 저축해두고, 차는 정말 이동만 가능한 50만 원 짜리 프라이드 웨건을 중고로 샀다. 당시 강남에서 나와 같이 부동산을 한 사람들이 아직도 나를 기억하는 건 하얀색 프라이드 웨건이다. 하얀색 차가 중고로 50만 원이었으니, 상태는 안 봐도 상상이 될 것이다.

역삼부동산 사무실에는 5명의 젊은 남자 중개사가 일을 하고 있었는데, 그 중에 공인중개사 자격증이 있는 사람은 한 명도 없었다. 지금과 달리 당시는 부동산중개업을 하는 사람 중에 자격증 없는 사람이 더 많았다. 나는 5명 중에 실적이 가장 좋다는 사람에게 노하우 좀 배워보려고 했으나, 전혀 정보를 공유해 주지 않았다. 철저하게 혼자 살아남아야 하는 냉정한 곳이었다.

늘 그래왔듯이 스스로 탐색하고 길을 찾아가는 수밖에 없었다. 며칠 동안 다른 사람들이 통화하는 것을 듣고 사장에게 여러 가지 정보를 공유 받았다. '역삼부동산'에서는 주로 원룸이나 투룸, 오피스텔 등을 중심으로 임대계약을 했다. 직원들은 매일 아침 출근해서 임대로 나와 있는 물건을 각자의 아이디로 인터넷에 올렸다. 그리고 광고를 본 손님들이 전화를 걸어 문의를 하면 약속을 잡아 방을 보여주고 계약을 하는 프로세스였다.

그런 프로세스가 완전히 파악되는데 불과 일주일도 걸리지 않았다. 방법을 알았기 때문에 전략을 세우고 실행에 옮겼다. 가장 먼저 한 일은 물건 확보였다. 사장이 현재 나와 있는 임대 물건을 다 알려주긴 했지만, 사장이 공유해주는 물건은 모두가 다 아는 물건이라 경쟁력이 떨어졌다. 나만 아는 물건이 많이 있어야 계약을 성사시킬 확률이 높았다.

그래서 내가 가장 먼저 한 일은 역삼역을 중심으로 블록을 돌면서 다세대, 다가구주택의 최고층의 벨을 누르는 일이었다. 주로 401호나 501호에 주인세대가 거주하는 경우가 많았고, 초인종을 눌러 누군가 받으면 인사를 하고 명함을 전해주고 왔다. 다른 직원들과 달리, 나는 여자라서 확실히 유리한 여건이었다. 게다가 나의 애마 50만 원짜리 프라이드 웨건이 있어서 하루에 한 블럭 도는 건 일도 아니었다. 직접 발로 뛰어 물건을 확보하다보니 나만 아는 물건이 많아지기 시작했다.

물건이 생기고 나서는 고객확보가 중요했다. 사무실 사람들이 광고를 내는 것을 유심히 보니 주로 인터넷에 돌아다니는 사진을 가져다가 원룸이면 대충 원룸사진, 투룸이면 투룸사진을 찾아 올리고 있었다. 실제 방 사진이 아닌 유사 사진을 미끼로 올리고 전화 오는 손님을 속된 말로 '낚고' 있었다.

나는 제기동에서처럼 나만의 물건들을 공실인 방을 찾아서 사진을 찍고 내 이름과 전화번호를 워터마크로 넣어서 올렸다. 실제 사진을 올리다보니 다른 사람이 올리는 미끼사진보다 별로로 보이긴 했으나, 손님이 전화로 "이거 실제 사진인가요?" 라고 물으면, "네 실제 사진입니다. 오시면 사진과 같은 방 보여드립니다." 라고 당당하게 대답했다.

나는 항상 '고객은 모르지 않는다.'라고 생각을 한다. 모를 거라고 생각하고 하는 작은 트릭을 고객이 정말 모를 것이라고 생각하면 착각이다. 수없이 많은 가짜 사진을 보다가 내가 올린 처음 본 사진을 보고 전화하는 고객들이 많아지기 시작했다. 게다가 강남의 원룸을 찾는 고객 중에는 여성이 꽤 많았는데, 남자보다는 여자인 내가 여성의 니즈를 파악해서 방을 안내하는 게 엄청나게 유리했다. 나는 강남입성 일주일이 지나자 첫 계약을 체결했다. 그러자 사장과 직원들이 나를 달리 보기 시작했다.

강남의 중개업은 제기동과 완전 달랐다. 제기동에서는 같은 원룸과 투룸을 임대하더라도 고객은 형편이 어려운 서민들이 많았다. 그래서 늘 수수료를 제대로 받기가 쉽지 않았다. 그런데 강남은 원룸, 투룸에 들어오는 손님들이 대부분 강남에서 일을 하는 젊은 직장인들이었다. 게다가 수수료를 깎는 일도 거의 없었다. 가장 중요한 부분이 수수료인데, 수수료를 어려움 없이 잘 받게 되니 일은 더욱 신이 났다.

일에 재미가 붙으면서 계약은 쉽게 잘 성사되었다. 한 달이 지나면서는 가장 일을 잘한다는 그 직원과 거의 비슷한 성과를 냈다. 직원으로 함께 있는 남자 두 명이 같이 팀으로 해보자는 제안을 했다. 본인들이 힘든 물건 확보와 전화작업, 광고작업을 서포트 할테니, 내가 고객을 만나 계약을 하면 같이 나누자는 제안이었다. 나 혼자는 역삼역 중심으로 4개 블럭을 겨우 커버할 수 있었는데, 셋이면 역삼역을 중심으로 선릉역과 강남역까지 계약을 할 수 있었다. 거절할 이유가 없었다. 모든 광고는 내 전화번호로 나가니 당연히 고객문의가 많아지고 계약 체결율도 높았다. 안정적인 300~400만 원 소득이 되었다. 부동산으로 꾸준한 안정적 소득을 만들 수 있게 되니, 그 소득의 볼륨을 더 키워야겠다고 생각했다.

그런데 아무도 찾아오지 않는 5층 부동산에서 광고로만 고객을 만나기보다 1층 부동산에 대한 생각이 문득 떠올랐다. 들어오는 손님도 만나고 광고로도 손님을 만나면 더 많은 계약을 할 수 있지 않을까 하는 생각이었다. 제기동에서 강남으로 올 때처럼, 끊임없이 환경을 더 좋게 만들기 위해 노력했다. 그 날 이후 강남의 테헤란로를 중심으로 자리가 좋고 주차가 가능한 부동산을 서치하기 시작했다.

마침내 내가 찾은 부동산은 선릉역 바로 이면도로의 1층에 위치한 '야후부동산'이었다. 사무실 크기가 50평 정도에 전면에 주차를 5대나 할 수 있는 강남에서 내가 본 1층 부동산 중에는 제일 컸다. 딱 여기다 싶었고, 바로 찾아가 사장을 만났다. 역시나 사장은 사무실 위치가 좋으니 비율을 많이 못준다며 자기가 6, 내가 4인 6:4를 제안했다. 나는 바로 수락하고 '야후부동산'으로 이동을 했다.

더 이상 엘리베이터 없는 5층 사무실을 손님을 모시고 오르내리지 않아도 되는 것만으로도 난 기뻤다. 물론 '야후부동산'에는 이미 7명의 직원들이 분야를 나눠 일을 하고 있었다. 워낙 자리가 좋아서 걸어 들어오는 손님도 꽤 있었다. 하지만 주택임대 팀에만 직원이 3명 있었으니, 내가 워킹 손님을 받을 수 있는 날은 일주일에 하루 또는 이틀 정도였다.

1년 넘게 '야후부동산'에서 근무하면서 나는 성과가 가장 좋은 중개사였지만 실질적인 수입은 5층 '역삼부동산'과 큰 차이가 없었다. 즉 일은 많이 했지만 성과 배분의 차이가 실질 수입에 엄청난 큰 영향을 주었다. 또한 새로운 노하우를 배우는 것은 없었다. 다세대 주택을 찾아가 주인을 만나 물건을 확보하고, 인터넷 광고를 내서 찾아오는 손님과 계약하는 것이 5층 '역삼부동산'이었다. 그런데 '야후부동산'은 광고 없이 찾아오는 손님이 있었다는 것

외에는 새로울 것이 없었다.

　늘 좀 더 나은 미래를 꿈꾸는 나에게 제자리 걸음은 흥미가 없었다. 또다시 새로운 도전을 해야 할 때가 왔다. 그것은 강남에서 부동산 중개업소를 개업하는 것이었다. 과거 제기동에서의 개업은 아무런 준비 없이 했어도 리스크가 작았지만, 강남은 달랐다. 하지만 두 군데의 사무실을 경험하면서 자금도 모았고, 강남 시장을 충분히 이해했다는 자신감은 나의 도전 정신을 더욱 더 자극했다.

　　　"도전하지 않으면 실패도 없지만 성공도 없다."

- 윤기주

대치동 백두부동산

    강남에서 부동산 중개사무실을 오픈하는 것은 제기동에서 오픈하는 것과 많은 차이가 있었다. 대로변에 기존의 부동산 사무실을 인수하는 것은 보증금도 억 단위였고 권리금 역시 기본 억 단위가 넘었다. 윤기주 공인중개사 사무소를 정리하면서 받은 보증금 1,000만 원과, 권리금 2,000만 원, 그리고 그동안 모은 돈 3,000만 원을 보태면 고작 5,000~6,000만 원이 전부인 내가, 권리금을 내고 들어가는 강남 부동산은 엄두도 낼 수가 없었다.

    그러나 나는 절대 포기할 수 없었다. 기존의 사무실에서 일을 하면서 부동산을 할 만한 사무실을 찾는 것에 상당히 많은 시간을 보냈다. 지성이면 감천이라고 했던가? 수개월이 지난 어느 날, 한티역과 선릉역 사이 후면도로에 옷가게를 하던 1층에 임대사인이 붙어 있는 것을 발견하고는 바로 전화를 했다.

　노후 된 건물이라 앞으로 재건축 가능성이 있어서 권리금을 받지 않고 임대를 내놓는다고 했다. 바로 건물주를 만나 망설임 없이 계약을 했다. 많은 사람들이 후면도로에서 부동산을 하는 것은 망하는 지름길이라고 만류했지만, 나는 엘리베이터 없는 5층에서 부동산 중개사무소를 경험하면서 후면도로 사무소가 완전 불가능한 것은 아니라고 생각했다. 게다가 어찌되었든 강남의 1층 부동산 아닌가! 권리금 없이 보증금 5,000만 원에 월임대료 160만 원에 계약을 했다.

　당시 강남의 많은 부동산 이름은 '에이스', '오케이', '스마일' 등등 영어를 많이 사용하거나, 지역 이름을 딴 '대치', '역삼', '강남', '선릉' 등의 이름을 사용하는 것이 보편적이었다. 사무실이 후면에 있다 보니 다른 부동산과 비슷한 이름으로는 고객의 머릿속에 강하게 각인시키기 어렵다고 생각했다. 오랜 고민 끝에 강남에서 유일한 이름 '백두부동산'으로 정했다. 백두부동산이라는 이름에서 풍기는 느낌은 꼭 오래된 부동산 같고 아주 연세 지긋한 사장이 주인일 것 같지만, 전화를 받고 찾아온 손님들이 접하는 사람은 젊은 여자 사장, 윤기주였다.

내가 얻은 사무실은 내 책상을 포함해서 5개 책상을 놓을 수 있는 공간이었다. 임대료가 만만치 않다보니, 오픈을 하면서 꽤 긴장이 되었다. 그래서 지난 2년간 강남에서 내가 해왔던 가장 자신 있는 원룸, 투룸, 풀옵션 분야에서 안정적인 소득을 만들기 위해 젊고 열정 넘치는 직원들로 빨리 채용했다. 사무실 위치가 후면이니 내가 처음 부동산을 시작할 때 그랬듯, 직원들에게 6의 비율을 주고 거기에 광고비와 식대까지 지원했다. 직원들이 어느 정도의 성과만 내더라도 나는 사무실을 운영하는데 드는 비용은 충분히 충당할 수 있었다. 말이 채용이지 기본급을 주는 것도 아니고 4대 보험을 지원하는 것도 아니니 나는 장터를 만들고 상인이 와서 물건 팔아 이윤을 나눠먹는 식이었다. 나는 손해볼 게 하나도 없는 장사였다. 게다가 내 사무실을 오픈하게 된 가장 큰 목적은, 내가 계약한 수수료는 고스란히 내 소득으로 만들 수 있기 때문이었다. 내 계약의 수수료가 완전히 내 소득이 된다니, 더 열심히 하고 싶은 맘에 가슴이 뛰었다.

내가 고민해서 지은 '백두부동산'은 고객이 한번 들으면 이름을 기억하기도 쉬웠고, 함께 하는 직원 중 한명이 영특하게 잘하는 친구가 있어서 꽤 잘 운영이 되었다. 물론 후면도로 부동산을 운영하기 위해서는 5층 부동산에서 배운 인터넷 광고는 기본이었고, 엄청난 발품을 팔아 건물주를 만나 임대물건을 많이 확보하는 것은 생존의 필수였다. 거기에 나는 출근을 하면서 수백 장의 문어발 전단지(전단지 하단을 세로로 가늘게 오려 연락처를 쉽게 뜯어 갈 수 있게 만든 전단지)를 테헤란로와 후면 도로에 있는 전봇대에 붙이면서 출근을 했다.

지금은 아마도 그런 일이 불법인지 모르겠지만 당시는 구청에서 전단지를 제거하는 수준이었지 벌금을 물리거나 하는 것은 없었다. 매일 더 눈에 띄고 관심을 끄는 문구를 만들기 위해 고민했던 기억이 난다. 그때의 광고 실력과 아이디어가 지금도 유용하게 활용되고 있으니, 도대체 어떤 경험이 필요 없는 경험일 수 있겠는가? 늘 느끼지만 인생의 모든 점은 미래의 어떤 점과 연결되어 있는것 같다. 그러나 백두부동산은 1년이 지나도록 과거의 경험에 기반을 둔 다세대 주택 임대가 전문이 되었고, 손님의 대부분도 원룸, 투룸을 얻는 사람이 대부분이었다. 직원들 역시 나의 틀을 넘어서지 못하고 주택임대에만 머물렀다.

그러던 어느 날, 한 손님이 '역삼아이파크' 아파트를 구하기 위해서 사무실을 찾았다. 역삼아이파크는 2006년 개나리2차 아파트를 재건축한 아파트인데, 정부의 재건축 소형평형 의무비율 시행에 따라 첫 사례로 일반 아파트 단지에 소형10평짜리를 함께 재건축했다. 10평도 채 되지 않는 아파트는 분양가가 1억6천이었고, 실제거래는 웃돈을 얹어 2억이 넘는 금액에 거래가 되고 있었다. 내가 기존에 했던 주택임대의 규모와 크게 다르지 않고 금액도 엄청난 차이가 있는 건 아니었는데 완전히 다른 세상이었다.

원룸을 임대하기 위해서는 손님에게 방을 보여주는 것은 필수였고, 한 번 보여주고 계약이 성사되는 경우는 거의 없었다. 찾아온 손님이 요구하는 임대료 수준을 파악하고 가장 나쁜 것을 먼저 보여줘 기대치를 낮추고, 다음으로 내가 가진 물건 중에 가장 좋은 것을 보여주면 거의 계약이 성사되었다. 적어도 두 번은 손님을 모시고 다녔어야 했는데, 두개의 방이 바로 붙어 있는 것이 아니기 때문에 교통상황에 따라 반나절을 다 보내는 경우도 허다했다.

그러나 역삼아이파크 아파트를 계약하면서 아파트 도면만을 보고도 계약을 하는 믿을 수 없는 경험을 했다. 어떻게 몇 억 원짜리 부동산을 사면서 보지도 않고 산다는 것인가? 그리고 또 다른 건 고객층이었다. 강남에서 주택임대업을 하면서 느낀 건, 돈 있는 강남으로 오자해서 왔는데 내가 만나는 손님의 대부분은 강남에 살지만 부자가 아니라, 강남에 임대를 살고 있는 일반 서민이었다. 그런데 아무리 작은 아파트지만, 아파트를 사거나 임대 목적으로 매매하는 사람들은 기본적으로 자산가들이 많았다. 지금까지 내가 경험해보지 못한 새로운 세상을 보면서 아파트 시장에 대한 궁금증이 나를 또 자극하기 시작했다.

"변화가 필요하기 전에 변해라."
– 윤기주

진짜 세일즈를 만나다, 잠실아파트

　백두부동산에서 2년 정도 강남 부동산 시장을 경험하고 있을 무렵 내가 있던 건물이 재건축으로 인해 백두 부동산을 옮길 수밖에 없는 처지가 되었다. 나에게는 또 다른 중요한 시기가 찾아 온 것이다. 원룸, 투룸의 임대에 관해서는 남에게 뒤쳐지지 않는 경험과 노하우를 가지고 있지만, 역삼아이파크에서 경험한 고가의 아파트 시장은 내가 많은 경험을 해보지 못한 시장이었다. 아파트 시장은 원룸, 투룸과는 상상할 수 없을 만큼 수수료 차이가 많이 났고, 상대적으로 경쟁은 치열하지만 물건을 보여주고, 그 물건에 대해 브리핑을 하는 시간이 절대적으로 적었다. 원룸이나 투룸을 열 건 임대해도 아파트 한 건 수수료가 되지 않는 것을 깨닫고 계속 기존의 원룸, 투룸을 고집할 이유가 없었다. 게다가 정말 자산가 고객들을 상대로 부동산 중개를 해보고 싶었다. 나는 또 다른 도전을 시도하기로 마음먹었다. 당시 잠실에 재건축된 아파트 입주가 막 시작하는 시기였고, 모두가 새 아파트여서 물건의 차이는 많이 존재하지 않았다. 가장 많은 물건이 분양되고 앞으로도 새로운 아파트들이 무수히 건축될 잠실로 가서 아파트 시장을 배우기로 마음먹었다. 2007년 입주가 시작된 잠실 트리지움 아파트로 지역을 정했다. 이후 엘스, 리센트아파트 입주까지 합치면 주변 아파트는 15,000세대가 넘었다. 이제까지 네 번의 부동산을 경험한 나는 잠실 중개사무소에 대한 면밀한 조사를 했다.

　같은 부동산 중개업무였지만, 아파트는 완전 다른 시장이었다. 하나하나 배울게 많았고, 기존 아파트만 해온 중개업자의 노하우가 필요했다. 당시 부동산들은 막 입주시장의 시작이라 부동산 중개의 경험 없이, 사무실만 오픈한 사장들도 꽤 있었다. 그런 사장과 일하는 건 나에게 도움이 전혀 안되고, 그 부동산 사무실 역시 치열한 아파트 시장에서 성공하기가 쉽지 않다. 나는 리서치 중에 알게 된, 잠실에서만 30년 이상 부동산을 운영한 업소를 찾아가 실장으로 일하고 싶다고 제안했다. 사장은 당시 젊고, 강남에서의 경험까지 많은 나를 거절할 이유가 없었다. 사장은 바로 승낙했고, 바로 난 강남에서 잠실로 나의 활동무대를 옮겼다. 내가 선택해서 간 잠실은 강남의 원룸 임대시장과는 완전히 다른 시장이었다.

첫 번째 물건을 찾기 위해서 밖으로 나가는 일은 거의 없었다. 30년을 같은 이름으로 운영된 부동산은 사장님이 주변 많은 집주인들과 상당히 깊은 관계를 맺고 있었다. 여러 채를 함께 갖고 있는 분들 또한 많았는데, 오랫동안 거래한 부동산에 그냥 믿고 다 맡기는 경우가 대부분이었다. 그래서 수수료도 7:3, 즉 사장이 7, 나는 3을 갖는 구조였다. 내가 직접 부동산을 운영해본 것을 감안하면 수수료 3은 정말 성에 차지 않는 숫자였지만, 일을 배우면서 돈을 번다는 것은 여전히 나에게 충분한 도전의식을 심어 주었다. 게다가 매매물건의 규모가 엄청나게 달라졌지만, 계약이 어려운 것은 아니었기에 수익배분에는 불만이 없었다. 잠실은 내가 강남에서 경험한 것과는 너무나 달랐다. 그때까지 내 경험으로는 부동산은 오직 단순 중개였다. 방의 상태와 가격만 잘 설명하고 협상을 해주면 부동산 거래는 거의 성사되었다.

그런데 잠실에 찾아온 손님들은 임대나 매입의 목적을 밝히고 부동산 상담을 원하는 고객이 대부분이었다.

"잠실 33평 아파트를 아들에게 사주려고 하는데 세금 문제는 어떻게 처리하는 것이 좋은가?", "자금 출처는 어떻게 소명하면 무리가 없겠는가?", "지금 아파트를 2채 갖고 있는데 언제 뭘 먼저 팔아야 세금에 문제가 없겠는가?" 등등 정말 내가 전혀 경험해보지 못하는 질문을 하는 것이 아닌가! 지금은 상상하기 어렵겠지만 2008년 금융위기와 함께 분양이 맞물리면서 잠실은 매도자 우위시장이 아닌 매수자 우위 시장이었다. 그런 매수자들의 니즈를 제대로 만족시키지 않고 부동산 거래를 성사시키는 것은 거의 불가능한 일이었다. 내가 찾아간 30년 된 잠실 부동산은 젊은 사장이 30년 된 전 사장에게 수억 원의 권리금을 지불하고 운영을 하고 있었다. 30년 노하우와 인맥을 가진 전 사장은 매일 아침 출근하여 신문을 보고 사무실을 지키고 있어서 고객은 주인이 바뀐 것을 알아차리지 못하고 있었다.

젊은 사장과 전직 사장은 철저하게 협력하고 있었다. 권리금이 자리세만이 아니라 전 사장의 인맥을 포함한 가격이었던 것이다. 젊은 사장은 매우 유능했다. '부동산을 부부 공동명의로 취득을 하면 종합 부동산세를 절약할 수 있다, 배우자에게 6억까지는 무상으로 증여가 가능하기 때문에 2채를 보유하기 위해서는 배우자와 소유주를 달리하는 것이 유리하다, 자녀들을 위해 부동산을 매입할 때는 전세를 안고 매입해야 자금출처를 소명하는데 유리하고 그래야 증여세를 절세할 수 있다, 한 가구가 2주택 이상 소유하면 향후 매각할 때 양도소득세 중과를 적용받기 때문에 엄청난 세금을 지불해야 한다.' 등의 정보를 제공하면서 경쟁력 있게 부동산 중개업을 운영하였다.

사장은 내가 지금까지 한 번도 들어보지 못했던 이런 이야기를

"부동산 컨설팅"이라고 불렀다. 세금 이야기는 세무사가 하는 것으로만 알고 있었던 나에게는 정말 충격적이었고, 부동산 중개업자의 서비스 제공 영역이 어디까지인지 의문이 생기기 시작했다.

그러던 중 나는 잠실에서도 몇 세대 되지 않는 54평 매매를 12억 5천만 원에 거래를 성사시켰다. 수수료는 거래가액의 0.9%이내에서 협의를 하는 것이었다. 그 중에 30%만 내가 받는다고 해도 내가 생각한 금액은 상당했다. 그런데 월급날이 되자 "요즘 사업이 너무 어렵다, 사장이 이렇게 힘든데 직원이 사장보다 돈을 더 벌어가는 게 말이 되냐" 등등의 핑계를 대기 시작하더니 내가 받아야 할 돈보다 훨씬 적은 돈을 지불하는 것이 아닌가? 배울게 정말 많았지만, 일에 대한 대가를 가지고 속임수를 쓰는 사장과는 같이 일을 할 수가 없었다. 아무리 큰 비전이 있다 해도 믿고 갈 수 없는 파트너였다.

2008년은 금융위기로 부동산의 매매가 얼어붙으면서 임대로만 근근이 버틸 수 있었다. 모두가 어려운 시기였던 것 같다. 아파트 시장의 큰 꿈을 가지고 도전했고, 엄청난 블루오션이라고 생각했었다. 하지만 아파트는 경제 상황에 영향을 많이 받았다. 내가 아무리 열심히 해도 극복될 수 없는 부분이라고 생각하니, 내가 평생 직업으로 생각한 공인중개사를 '과연 평생 하는 게 맞나' 라는 두려움이 들기 시작했다. 그 일이 있은 지 얼마 지나지 않아 아침에 배달된 모 경제신문에는 2030~2040년 사라질 직업과 유망한 직업이 각각 10위까지 실려 있었다. 그런데 사라질 직업군에 부동산 중개사업자가 포함되어 있는 것이 아닌가! 나에게는 너무나 충격적인 일이었다. 정말 법이라고는 아무것도 모르는 내가 1년 가까이 이해할 수 없는 법은 통째로 외우고 하루 12시간 이상 공부해서 딴 자격증이 내 생활을 책임질 수 없을지도 모른다는 생각으로 나는 공포감에 떨었다. 믿을 수 없어서 다시 신문을 꼼꼼히 들여다 봤다. 당장 대책을 세우지 않으면 안 될 것 같은 생각이 들었다.

그리고 신문에 명시된 유망 직업으로 보험설계사(Financial Planner or Consultant)라는 직업이 내 눈에 확 들어왔다. 금융이라면 한 번도 들어본 적도 경험해본 적도 없었다. 하지만 부동산 중개업에서도 컨설팅이 필요하다면 금융컨설팅도 다른 어떤 직업보다 더 전망 있는 직업이 되겠다는 생각이 들었다. 주변의 조언을 듣고 싶었지만 내 주위에는 금융에 종사하는 사람은 하나도 없었다. 오직 내가 보험가입을 위해 최근에 만난 뉴욕생명의 Financial Consultant가 전부였다.

> "인생에서 원하는 것을 얻기 위한 첫 번째 단계는
> 내가 무엇을 원하는지 결정하는 것이다."
>
> – 벤 스타인

제 2 장

세일즈에
빠지다

"꿈을 품고 뭔가 할 수 있다면 그것을 시작하라.
새로운 일을 시작하는 용기 속에
당신의 천재성과 능력과 기적이 모두 숨어 있다."

– 괴테

나의 종신보험 5,000만 원

　나에게 부동산중개업은 자신도 몰랐던 내 안의 세일즈 잠재력을 깨워줬다. 그리하여 내 인생의 엄청난 전환점을 갖게 해준 직업이었다. 그러나 늘 나를 채워주지 못하는 아쉬운 부분이 있었다. 내가 계약을 많이 하고 싶다고 아무리 노력을 한다 해도 내 노력만으로 성과에 영향을 주지 않았다.

　매도자와 매수자를 연결시켜 부동산거래를 성사시키는 중개사 역할은 내 개인의 능력이나 노력이 개입되는 일은 드물었다. 내가 아무리 뛰어난 세일즈 능력이 있다고 해도, 매도자의 매도가격이 높게 나온 물건을 매수자에게 높게 매수하라고 강요할 수 없는 일이었다. 물론 내가 마지막에 경험한 잠실 부동산에서 컨설팅이 개입되긴 했지만, 그렇다고 가격이 다른 부동산보다 높게 팔수도 없었고, 설사 가격을 조금 높게 팔았다 하더라도 중개사인 나에게 이익이 크지 않았다. 매수자건 매도자건 한 사람은 손실을 감당해야 하는 제로섬(Zero Sum) 게임이었던 것이다.

내가 느낀 가장 아쉬운 부분이 또 있었다. 내가 부동산중개업을 8년을 하면서 나름 전문가로 자리를 잡고 주변에서 부동산 관련 도움을 요청하는 경우가 많았으나, 부동산 거래의 지역적 특성으로 인해 내가 도움을 줄 수 있는 한계가 있었다. 그리고 결정적으로 내가 중개해서 계약을 체결하고 수수료를 각각의 매도자 매수자의 주머니에서 다시 꺼내 받아야 하는 점, 그 수수료를 다시 오너와 배분하는 것들이 명확하지 않아 늘 불안했다. 이런 생각이 들기 시작하면서부터 최근 신문기사에서 봤던 2030~2040년 사라질 직업 '부동산 중개사'와 유망직업 '금융 전문가' 두 가지 문구가 나를 괴롭히기 시작했다.

가장 가난한 시절에 힘들게 1년을 투자해 공인중개사 자격증을 취득한 이유는 간단했다. 부동산중개업이 나의 인생을 평생 행복한 삶으로 만들어줄 안정적인 울타리가 되어 줄 거라는 판단에서였다. 그래서 오직 꿈은 빨리 돈을 벌어서 잠실 전면상가에 반듯한 내 부동산중개업소를 갖는 것이었다. 하지만, 한번 들기 시작한 의심은 날이 갈수록 미래에 대한 강한 호기심으로 바뀌면서 새로운 도전을 고민하게 되었다.

　그때 내 머리에 스쳐가는 것이 최근에 내가 가입한 월 보험료 14만 원의 5,000만 원 종신보험이었다. 모임에서 알게 된 친구가 갑자기 연락이 와서 만났는데 보험설계사였고, 내게 보험을 권유해서 내가 낼 수 있는 10만 원대로 보험을 가입했었다. 과거 제기동에서 사무실을 얻을 때 어머니가 보험을 해약한 돈으로 나의 첫 사업 종자돈이 되었던 기억이 있어서, 나에게 보험은 좋은 이미지로 각인되어 있었다. 담당 설계사에게 전화를 해서 물어볼까 하다가 관계성이 별로 없어 불편하기도 하고, 정확한 정보를 바로 들어보자는 생각으로 증권에 나와 있는 1588-**** 콜센터로 전화를 했다. 내가 당시 가입해 있던 보험회사는 뉴욕생명이었다. 나는 망설임 없이 콜센터로 전화를 해서 Financial Consultant가 되기 위해서는 어떤 조건이 필요한지에 대해서 물었다.

　나에게 보험을 가입시켜 준 뉴욕생명의 친구가 명문대를 졸업했던 친구라 혹시 내노라하는 대학의 졸업자격이 필요한지가 난 궁금했었다. 지금도 그렇듯이, 나는 하나의 일을 하면 그것에 몰입하고 다른 것에 일체 관심을 가지지 않는 편이다. 보험설계사라는 직업에는 살면서 한 번도 궁금했던 적이 없었기에 정보가 하나도 없었다. 내 전화를 받은 콜센터 직원은 당황해 하면서, 다시 전화를 주겠다는 말을 남기고 전화를 끊었다. 그리고 얼마 지나지 않아 나의 담당 보험설계사 친구에게서 전화가 왔다. 바로 만나서 보험설계사 일에 대해 안내를 해주겠다고 했고, 그날 바로 내가 일하는 부동산 사무실로 방문을 했다.

그 친구는 내가 충분히 자격 조건이 된다며 회사에 와서 본인 매니저와 지점장을 같이 만나보자고 했다. 난 부동산 일이 끝나면 7시고 강남까지 가면 8시에나 미팅이 가능한데 괜찮은지 물었다. 그러자 상관없다고 기다리겠다고 했다. "다들 늦게까지 엄청 열심히 하는구나, 대단하다."는 생각이 들었다. 하지만 나중에 알게 되었지만 과거에도 지금도 보험회사의 "신인 도입(리쿠르팅)"이 조직의 가장 중요한 부분이기에 몇 시가 됐든 나를 기다릴 수밖에 없었던 것이다.

내가 찾아간 곳은 과거 내가 한참 활동했던 선릉역 테헤란로 대로변에 위치한 20층 신축 빌딩이었다. 나를 만나 처음부터 안내를 도와준 설계사 친구는 끊임없이 나를 칭찬했다. "부동산 중개업을 오래 했기 때문에 이 일을 하는 데는 도움이 많이 될 거고, 잘 할 수밖에 없다, 인상이 좋아서 고객들 만나기에 매우 적합하다"는 등 쉼 없이 나를 향한 달콤한 칭찬을 쏟아 부었다. 보험 계약으로 만나긴 했지만 나를 잘 알지도 못할 테고, 내가 이 일을 시작하기로 결심을 한 것도 아닌데 마치 내가 당장 할 것처럼 이야기하는 것이 불편했다. 나는 내가 잘 직접 겪어보지 않은 사람에 대해 비판도 하지 않지만, 칭찬도 하지 않는다. 상대를 겪어보지 않고 하는 칭찬은 기분 좋게 들리기 보다는 나에게 잘 보이기 위해 하는 아부처럼 느껴져서 오히려 별로인 기분이 든다. 지나친 친절과 칭찬이 거부감을 자꾸 불러일으켰다.

두 번째로 만난 사람은 그 친구가 함께 일한다는 그 팀의 팀장 즉, 세일즈 매니저였다. 처음 만난 매니저는 얼굴은 아주 새까맣고 담배냄새가 진하게 났으며, 와이셔츠는 구겨져 있었다. 내가 신문에서 본 후 늘 상상했던 "금융전문가" 모습은 이런 것이 아니었는데 실망감이 컸다. 5초안에 눈과 느낌으로 정해지는 첫 이미지는 이후의 어떤 비즈니스를 하든지 다른 시작을 만들어준다. 그런데 나의 담당 보험설계사도, 그 매니저도 나에게 다음단계로 갈 수 있는 확실한 이미지를 남겨주지 않았다. 오히려 상상했던 모습과 다르다보니 실망감이 있었고, 함께 만났던 지점장은 이미지조차 기억이 나지 않는다. 빨리 그 곳을 빠져나오고 싶은 마음뿐이었다.

매니저는 나를 오래 기다린 분이 있으니, 꼭 만나보고 가면 좋겠다고 설득했다. 난 여기까지 시간을 내서 왔으니 그래도 내가 확인할 수 있는 건 다 확인하고 가자라는 생각으로 마지막으로 한 분을 더 만났다. 뉴욕생명의 강남본부 본부장이었다. 인사를 하고 들어간 본부장실에는 한 눈에 봐도 포스가 느껴지는 40대 중반의 신사가 앉아 있었다. 외모, 말투 모든 것이 내 관심을 끌었다. 짙은 곤색 양복에 밤 8시가 넘었음에도 불구하고 하얀색 칼주름이 잡힌 와이셔츠는 이제 막 다려서 입은 듯 아주 깨끗했다. 사람을 많이 만나왔던 나지만, 거의 본적이 없는 카리스마와 풍모를 갖고 있는 분이었다. 그 때부터 나는 보험 세일즈에 대한 소개 이야기가 귀에 들리기 시작했고, 본부장의 나에 대한 기대와 격려가 오랜 시간의 경험을 바탕으로 해주는 조언인듯 마음에 와 닿았다.

밤 10시가 넘은 시간까지 보험영업에 대한 나의 궁금증에 본부장은 성실히 답을 해줬고, 나는 점점 마음의 문이 열리기 시작했다. 나는 늘 큰 결정에 오히려 답을 빨리 낸다. 상당히 긴 시간이 흐른 후 나는 지금 하는 일을 정리하고 3개월 후에 일을 시작해보겠다는 답을 했다. 그러나 본부장의 대답은 내가 기대했던 것과 전혀 다른 반응이었다. 지금 부동산에서 벌고 있는 돈을 3개월 동안 보장해 줄 테니, 다음 달부터 당장 교육을 받고 바로 이 일을 시작하라는 것이었다. 바로 영업을 할 수 있는 것도 아니고 교육을 받아야 하는데, 그리고 내가 지금 얼마를 버는 지도 모르면서 내가 버는 돈을 3개월 보증해주겠다니! 정말 나로서는 놀라지 않을 수 없는 제안이었다.

　복잡하고 긴 고민은 나에게 도움이 되지 않았다. 잃을게 없는 게임이었다. 난 바로 일을 시작하기로 결정하고, 근무하던 부동산 중개사무소는 매일 야근을 하며 기존 실장에게 관리하던 고객과 물건을 모두 인수인계 했다.

"인생이란 과감한 모험이거나
아무것도 아니거나, 둘 중의 하나이다."

– 헬렌켈러

뉴욕생명에서
3개월 세일즈를 경험하다

잠실 부동산 사무실을 그만두고 보험회사를 옮겨서 영업을 하겠다고 했을 때 잠실 부동산 사장님은 엄청난 회유와 협박으로 부동산 중개업을 그만두는 것을 말렸다. 하지만 보험 세일즈에 몸담기로 결정한 나를 막기에는 역부족이었다. 끝내 나의 결정을 돌이킬 수 없을 것이라 생각한 사장은 그럼 언제 오더라도 자리를 비워 둘 테니 좋은 경험해보고 오라며 아쉬워했다.

지난 8년 동안 가정에 안정적인 소득을 제공하며 부동산 중개업을 잘했던 내가 갑자기 보험영업을 한다니 부모님의 속상함은 이루 말할 수가 없었다. 하지만 결정한 이상 반드시 가보고야 마는 나는 온통 머릿속이 새로운 일에 대한 설렘뿐이었다.

내가 출근하게 된 테헤란로 한복판의 회사는 내가 정말 이 시대를 이끌 금융전문가가 된 것 같은 느낌을 가지기에 부족함이 없었다. 늘 작은 사무실에서 일을 하다가 큰 빌딩으로 출근을 하니 뭐라도 된 것 같은 기분이었다. 다행히, 보험 세일즈는 부동산 중개업처럼 자격을 획득하는데 많은 시간이 소요되지는 않았다.

한 달 교육받는 동안 자격은 바로 취득할 수 있었다. 교육받는 내내 나는 흥분을 가라앉힐 수가 없었다. 처음 알게 된 생명보험의 가치와 필요성도 재미있었고, 그에 해당하는 금융상품들의 특징을 배우는 것도 흥미로웠다. 그리고 종신보험에 대한 판매 화법, 거절처리 화법 등 평생 내가 경험해 보지 못한 세일즈 교육은 내가 해왔던 부동산 중개업과 연결되는 부분이 많아 더 재미있게 배울 수 있었다. 또, 연금이라는 비과세 상품을 교육받으면서는 빨리 교육을 마치고 주변 친구들에게 가입 권유를 하고 싶은 마음에 늘 마음이 들떠 있었다. 그렇게 보낸 한 달은, 내가 보험 세일즈를 하면서 가장 걱정과 시련 없이 꽃길만 꿈꾸는 행복한 시간이었다.

보험 세일즈는 부동산과 달리 주위에 있는 모든 사람에게 세일즈를 할 수 있는 것이 나에게 가장 큰 매력으로 다가왔다. 암보험, 종신보험, 건강보험 등등 내가 만나는 모든 사람들이 자신은 모르지만 내 보험가입의 대상이었고, 그래서 하루라도 빨리 내 주변 사람들을 만나서 필요한 보험을 가입시키고 싶었다.

교육기간 동안 매니저는 내가 연락해서 만날 수 있는 사람들의 이름과 전화번호를 100명 적으라고 했다. 함께 교육받는 동기들은 그 100명을 채우는 게 매우 어려워보였지만, 나는 부동산 중개사로서 8년 이상 일을 했기에 100명 명단은 그렇게 어려운 숫자가 아니었다. 가나다 순서대로 적은 내 지인은 100명이 훨씬 넘었고, 그 모든 지인이 내가 찾아가면 적어도 보험 1건 정도는 모두 가입할 것 같은 기분이 들었다.

그렇게 내가 찾아간 첫 번째 지인은, 사람 좋기로 소문난 지금도 10년 넘게 내 고객인 대학선배였다. 선배는 "응 그래, 기주가 보험을 시작했구나, 그럼 내가 뭐라도 도와줘야지."하고 바로 연금보험과 CI보험 2건을 가입하는 것이었다. 내가 한 달 내내 배우고 익힌, 금융지식과 보험 상품에 대한 지식은 말할 기회도 없이, 선배는 속된 말로 '묻지도 따지지도 않고' 청약서에 사인을 했다. 당시 기억으로 보험료가 2건 합쳐 약 30만 원 정도 되었던 것 같다.

나는 내 생애 첫 보험계약을 이렇게 쉽게 하게 되는 경험을 하면서 정말 보험 세일즈를 시작하기 잘했다는 확신이 들었다. 그리고 사무실에 들어와서 계약 소식을 매니저와 지점장에게 전했다. "봐라, 너는 정말 잘 할 줄 알았다. 앞으로도 잘할 게 분명하다" 등등 나를 칭찬, 아니 칭송하는 것이었다. 나는 이제 머지않아 보험 왕이 되어 진정한 금융전문가로 거듭날 것 같았다.

그리고 나는 100명의 리스트 중에 절대로 내가 찾아가 보험을 권하면 거절할 수 없을 정도의 친구 5명을 선택해서 전화를 했다. 5명 모두 내가 만나자고 하니 흔쾌히 승낙을 했다. 교육과정에서 들은 이야기로는, 약속을 잡으면 계약의 성공률이 50%라고 했다. 하지만 나는 내가 약속을 잡은 친구 5명은 무조건 100% 계약할 거라고 확신을 했다. 5건 모두 계약의 성공으로 또 매니저 지점장 에게 칭찬 받을 상상을 하니 벌써부터 가슴이 뛰고 신이 났다.

맨 먼저 만나기로 한 친구는 중학교 1년 때부터 절친인 친구였 다. 좋은 직장도 다니고 보험료 낼 여력도 충분한 친구였다. 게다 가 내가 그 친구의 어려운 시절 도움을 많이 줬던 각별한 친구였 기에 만나기만 하면 무조건 계약을 해줄 거라고 생각했다. 저녁 7 시 친구 퇴근 후에 압구정에서 만나기로 약속을 하고 이동을 하는 데 교통체증이 그날 정말 말도 안 되게 심각했다. 약속시간을 넘 기게 될 거 같아 나는 친구에게 전화를 해서 "○○아~ 미안한데 30분 늦을 것 같아."라고 했다. 그럼 "알았다" 하고 기다려줄 것이라고 생각한 내게 돌아온 대답은 정말 충격적이었다. 친구는 기다렸다는 듯이 "아니 네가 필요해서 만나자고 해놓고 늦으면 어떻게 하자는 거야, 나 바쁘니까 못 기다려. 다음에 보자."고 말하고는 전화를 끊어 버리는 것이었다. 순간 '내가 잘못 들었나, 내가 늦은 건 미안한 일이나, 친구들 만남에서 간혹 있을 수 있는 일인데 내 이야기는 더 듣지도 않고 바로 전화를 끊다니.'라는 생각에, 나는 바로 전화를 다시 걸었다. 친구는 전화를 받지 않았다. 다시 여러 번을 전화하고 메시지를 남겼지만 답이 없었다. 당시 나에겐 정말 너무 큰 충격이고 상처였다. 20년 지기 친구가 어떻게 이럴 수 있을까. 그날 밤새 울었던 기억은 지금까지도 생생하다. 금방 차가운 현실을 깨닫게 되었다. 이래서 보험영업이 다들 어렵다고 했구나. 주변의 만류가 그제서야 이해가 되었다.

　나의 보험영업 첫 달은 매일이 웃다가 울다, 냉탕과 온탕을 오가는 나날이었다. 내가 친하지 않다고 생각해서 전화하기가 망설여졌던 친구에게 겨우 용기를 내어 전화를 했는데, 힘든 일을 하게 된 것을 격려해주며 보험가입을 선뜻 해주는 친구도 있었다. 하지만, 내가 반드시 이 친구는 나를 거절할 수 없을 거라고 생각한 친구가 냉정히 거절하는 경우도 많았다. 거절은 늘 상처가 되고 힘이 들었지만, 예상하지 못한 사람이 의외로 나를 믿고 보험가입을 해주는 경우가 맞물리면서 상처를 극복할 수 있었다.

당시엔 거절의 상처가 정말 컸었다. 오랜 시간 다른 일을 하다가 엄청난 용기를 내어 시작한 보험영업이 내 생각만큼 쉽지 않았기 때문에 두렵기도 하고, 많이 위축도 되어 있었다.

고객에게 가입 제안은 얼마든지 할 수 있지만 그것을 선택하고 안하고는 고객의 마음이다. 고객이 거절을 하는 데는 여러 가지 이유가 있다. 거절의 이유를 말할 수 없을 수도 있고, 얘기하기 싫을 수도 있다. 고객은 얼마든지 거절할 권리가 있다. 그것을 내가 개입하거나 강요해서는 안 되는 것이다. 그러나 거절에 대한 매너는 다른 문제다. 제안했을 때 보험가입을 하지 않겠다고 하는 건 서운한 맘이 드는 정도로 정리가 되지만, 전화를 일부러 받지 않거나 함부로 말을 하는 건 매너가 아닌 것이다.

그렇게 보낸 첫 달이 지나고, 급여가 들어오는 날이었다. 부동산 중개업처럼 사장에게 급여를 잘 받기 위해서 이야기를 나눌 필요도 없었고, 이번 달 수입이 얼마인지 내가 계산할 필요도 없었다. 첫 달 급여가 800만 원이었다.

나는 천국과 지옥을 오가면서도 매일 출근해서 누군가를 만나 보험을 제안하는 일이 재밌었다. 매니저가 보험회사에는 매주 계약을 3건씩 하는 3W문화가 있는데 도전해 보는 게 어떠냐고 했다. 이왕 하는 거 목표의식을 갖고 하는 게 나도 좋을 것 같아 첫 달 4주를 3W까지 달성하였다. 그래도 내가 기대했던 돈보다 훨씬 많은 금액이었다. 본부장이 지원해주기로 했던, 부동산에서의 3개월 수입보장 지원금이 없이도 달성했기 때문에 따로 지원금을 받지는 못했다. 그 이후에도 그 지원금을 받을 일이 없었다.

그렇게 3개월을 나는 매주 3W를 달성하였다. 매주 3건을 해야 한다는 목표가 뚜렷하니 거절하는 사람이 있으면 또 다시 다른 고객을 만나고 또 만나고를 반복했다. 3건 계약이 될 때까지 고객을 만났다. 그렇게 앞만 보고 보험이라는 새로운 직업에 눈을 뜨고 있을 때쯤, 출근해서 컴퓨터를 켜고 포털사이트 메인 뉴스를 보다가 깜짝 놀라는 기사를 보게 되었다.

"뉴욕생명 매각!" 너무 놀라서 가슴이 쿵쾅거렸다. 그런데 지점의 분위기는 이 엄청난 뉴스를 모르는 듯 평상시와 다름이 없었다. 다시 기사를 꼼꼼히 읽어보았다. 미국에서 100년 역사를 자랑하는 뉴욕생명은 한국에서의 영업실적이 생보사 25개중에 24등으로 한국의 뉴욕생명은 적자가 심각해서 매각이 불가피하다는 내용이었다. 내가 부동산 중개업에서 이 일을 선택할 때는 보험은 어떤 것이고, 보험설계사는 어떤 일을 하는가가 고민의 대부분이 었지, 보험회사에 대한 고민은 전혀 없었다. 교육 내내 주입된 역사가 깊고 훌륭한 기업 뉴욕생명이라는 각인으로 고객 누구를 만나든 배운 대로 회사 소개를 해왔다.

3달간 열심히 배우며 보험 세일즈를 해보니, 배울 것도 있고, 재미도 있고, 가치도 있는 일이었다. 게다가 열심히만 하면 돈도 많이 벌수 있는 일이었다. 나는 이 보험 세일즈에 내 인생을 걸어 보자라는 답을 얻었다. 부동산은 내가 아무리 열심히 해도 여러 가지의 상황에 민감해서 내 실력과 노력만으로는 성과를 내기 어려운데, 보험영업은 나만 열심히 하면 충분히 성과를 낼 수 있는 정직한 사업이었다. 이 일을 평생 직업으로 정했는데 내가 평생 몸담을 회사가 별 볼일 없는 회사이고, 게다가 고객에게 이런 불안한 회사에 10년, 20년 보험료를 내라고 하는 건 나로서는 도저히 할 수 없는 일이었다. 그리고 그것도 모자라 다른 생보사에 매각이 된다니. 뉴스를 본 날 이후 나는 단 한건의 계약도 더 하지 못했다.

시행착오는 한 번으로 충분했다. 3개월 매주 3건씩 보험계약을 했으니, 적어도 40건 가까이 보험을 가입시킨 상태였다. 그 고객들에게 미안하다는 생각으로 더 긴 시간을 뉴욕생명에 있으면 더 많은 고객에게 미안함을 주어야 되는 상황을 견딜 수 없었다. 회사를 옮기기로 결심했다. 상당히 오랜 시간을 들여 보험회사를 조사하기 시작했다.

혹독한 경험을 바탕으로 알게 된 회사를 정하는 데 있어서 가장 중요한 기준은 앞으로 망하지 않을 회사였다. 미래를 확신할 수는 없지만, 회사의 자산규모와 보험금 지급여력비율, 부채 등 수없이 많은 데이터가 회사의 안정성을 예측할 수 있게 했다.

　두 번째 나의 기준은, 회사의 기업이미지가 좋아서 내가 만나는 고객들에게 너무 오랜 시간 회사설명을 하지 않아도 되는 회사를 원했다. 뉴욕생명에서는 교육 내내 암기한 회사소개 멘트를 내가 만나는 모든 고객에게 10~20분을 들여 설명해야 했다. 지나고 알았지만, 뉴욕생명에서 거절했던 친구는 내가 보험을 한다니 하나 정도는 해줄 생각이었는데 처음 들어본 회사에 10~20년 보험료를 내기가 불안해 거절했다고 했다. 고객 입장에서 충분히 이해가 되는 기준이다.

　세 번째 기준은 이미 내가 가입시킨 뉴욕생명의 고객들이었다. 나는 회사를 떠나지만 서투른 나를 믿고 가입해준 3개월간의 고객들이 가입한 보험 관련해서는 끝까지 책임을 져야 했다. 그 고객들을 한 명 한 명 만나 상황을 이야기하고, 양해를 구하고, 의견을 청했다. 외국계 보험회사는 또 언제 매각하고 떠날지 모르니, 국내 보험회사 중에 랭킹 5위 안에 드는 보험회사를 중심으로 앙케이트를 시작했다.

　각 회사의 장단점을 리서치 하면서, A회사는 이래서 안 되고, B회사는 저래서 안 되고, C회사는 뭐가 안 된다는 여러 의견을 받았다. 내가 고민하는 회사 중에 유일하게 교보생명만이 단 한 명의 고객도 여긴 안 된다고 하지 않았다.

약 40명의 고객들에게 유일하게 부정적인 이미지가 없는 회사, 교보생명에 대해 난 더 자세히 알아보았다. IMF 시기에도 정부 보조금을 받지 않고도 살아남아 오직 보험 한길로 50년 이상 보험업에 대형사로 존재하니, 내 첫 번째 기준인 망하지 않을 회사에 적합했다. 기업이미지는 교보문고와 연결되어 많은 고객들에게 친근감이 있었다. 안티가 없는 회사, 사람들이 좋아하는 회사, 정직하고 안정적인 회사, 나는 그런 회사라면 내가 충분히 고객에게 자신있게 보험 상품을 권할 수 있다고 생각했다.

더 지체할 이유가 없었고, 나는 바로 뉴욕생명에 회사를 옮기겠다고 통보를 했다. 매니저는 보험은 다 똑같은데 회사가 뭐가 중요하냐며 정말 엄청난 설득을 했지만, 이 회사에는 더 이상의 어떤 계약도 더 할 수 없음을 알기에 그날 바로 나는 짐을 챙겨 회사를 나왔다.

"열망을 실현하기 위해 명확한 계획을 세우고 즉시 시작하라!
준비가 됐건 아니건 이 계획을 실행에 옮겨라."
– 나폴레온 힐

교보생명에서
2W로 다시 시작하다

 뉴욕라이프에서 보험설계사로 활동을 한 3개월이라는 짧은 시간 동안 나는 많은 것을 배우려고 노력했다. 보험 상품이라는 것이 기본적으로 한 번 가입하면 적어도 10년, 20년을 보험료를 납입하는 것이기 때문에 매월 내는 돈은 작은 것 같지만 전체로는 큰 금액이다. 우리가 차를 살 때, 매장에 가서 차를 보고 바로 의사결정을 해서 구매하는 경우는 거의 없다. 우리가 사는 물건 중에 고가이기도 하고, 한 번 사면 오랜 시간 사용해야 하는 것이기에 어떤 차를 살지에 대한 고민을 꽤 오랜 시간 하게 된다. 우리가 파는 보험도 꽤나 큰 비용이 들고, 한 번 선택하면 긴 시간 함께 하게 된다. 고객이 오랜 시간 고민하는 것은 당연한 일이고, 그럼에도 불구하고 의사결정을 빠르게 해서 계약을 하는 고객은 정말 감사한 고객이다.

그러니 한 주에 세 건 계약은 말이 세 건이지, 결코 쉬운 일은 아니었다. 뉴욕생명에서 매주 세 건의 계약을 체결하면서 나는 3개월간 3W를 달성해서 36건의 계약을 했다. 내가 보험을 한지 얼마 안 되는 초보 설계사임을 알고도 선뜻 보험계약을 해주고 내 고객이 되어준 그 분들에게 평생 감사한 마음이다.

3개월을 보험 세일즈를 해보니, 많은 사람을 만나서 내가 배운 금융정보를 전달하고 고객이 되어준 분들에게 도움이 될 수 있다는 점이 정말 좋았다. 하지만 항상 새로운 고객을 찾아야 한다는 것이 부담이 컸다. 이렇게 얼마나 오랫동안 내가 이 일을 할 수 있을까, 아니 얼마나 버틸 수 있을 것일지 두려웠다.

그래도 과거보다 목표를 하향조정할 수 없다는 생각에 교보생명으로 2010년 11월 입사하고 난 바로 3W를 다시 도전했다. 보험회사에서 가장 강조하는 것은 활동량 증대, 즉 많은 사람을 만나라는 것이다. 그 이유로 1W, 2W, 3W 등 주간활동과 결과를 강조하는데 결코 말처럼 쉽지 않은 목표이다. 고객을 10명, 20명 만나는 목표는 얼마든지 내가 마음만 먹으면 이룰 수 있는 목표지만, 그 한 주에 계약까지 3건을 해야 하는 건 될 때도 있고 안 될 때도 있는 것이었다.

교보생명에 입사한 첫 달 3W는 3주 만에 실패를 했다. 한 번의 시행착오로 지인들에게 바로 다시 다가가 보험 제안을 하는 것이 한계가 있었다. 상당수의 가까운 지인은 뉴욕생명에서 이미 계약을 한 상황이었고, 교보생명으로 옮기면서 고객들에게 회사를 옮기더라도 잘 관리해 드리겠다고 약속도 한 상태였다. 3W가 실패하면서 자신감은 많이 떨어지고, 다시 방향을 어떻게 잡아야 할지 혼란스러웠다. 하지만 3W가 실패했다고 그냥 목표 없이 일을 할 수는 없었다. 첫 보험 세일즈 3개월 동안 나를 가장 크게 견인해 준 건 3W라는 목표였다. 당시 매니저의 조언으로 목표를 하향조정해서 2W를 도전하기로 했다.

내가 교보생명에서 만난 첫 매니저는 내가 이 일을 하는 내내 가장 기억에 남는 분이다. 내가 "매니저님, 연금 상품은 누구에게든 자신 있게 권할 수 있는데 종신보험과 CI보험은 입이 잘 안 떨어져요. 연금 상품으로 주로 제안하면 안 될까요?"라고 이야기 한 적이 있었다. 매니저는 "그래요? 그럼 그렇게 하세요. 우리 일은 계약을 위해 고객을 만나면 롱런할 수 없어요. 계약을 해야 한다고 생각하지 말고, 그냥 편하게 보험 이야기 할 사람을 만나면 됩니다. 연금 상품이 자신 있으면, 누구든 만나서 연금의 필요성을 이야기해주고 연금플랜을 제안하면 되죠. 대신에, 윤기주FP님. 연금 관련해서는 누구보다도 잘 설명하는 FP가 되어야 합니다."

10년이 넘은 경험을 갖고 있는 매니저가 준 그 메시지는 한동안 나를 괴롭힌 당장의 계약에 대한 부담을 내려놓고, 이 일을 나무가 아닌 숲으로 보게 해준 계기가 되었다. '아, 참 난 이 일을 정말 오래할거지, 그래 너무 서두르지 말고 과정을 즐기자.' 내 어깨에서 무거운 짐이 내려지는 느낌이었다.

나는 그날부터 연금과 관련된 금융정보를 수집하고, 강의를 찾아 들었다. 상품과 금융지식에 뛰어난 매니저님은 틈만 나면 1:1로 나를 교육해 주었고, 나 역시 연금과 관련된 금융정보를 스크랩해가며 지식을 쌓았다. 스크랩 파일의 첫 장에는 내 소개서를 시작으로 우리 회사 소개, 현재의 금융시장 정보, 연금의 필요성과 관련된 신문기사들과 우리 회사 연금 상품 안내 등 어떤 고객을 만나든 그 스크랩 파일을 열어 쭉 이야기를 풀어낼 수 있도록 준비했다. 그렇게 준비하고 실행을 해보니, 어느 샌가부터는 속된 말로 '툭 치면 나오는' 나만의 화법이 완성되었다. 내가 만나는 사람이 계약을 하든 안 하든 상관없이 누구를 만나든 그 사람의 노후를 위해 반드시 준비해야 하는 연금의 중요성을 이야기하는 건 정말 재밌는 나의 활동이 되었다.

그 덕분에 난 매니저 조언처럼 사람을 만나는데 더 집중하게 되었고, 이 일을 오래도록 할 수 있겠다는 자신감도 생겼다.

내가 만나는 모든 사람에게 내가 가장 자신 있는 비과세 연금 플랜을 제안하게 되면서 자연스럽게 2W는 이어가게 되었다. 그런데 놀랍게도 내가 늘 만나서 제안하는 건 연금이었는데, 한 달의 성과를 돌아보면 연금보험 계약건과 보장성보험 계약건이 비슷한 숫자였다. 처음 고객을 만나는 접점이 연금일 뿐이지, 만나서 상담을 하다보면 부족한 보장에 대해서도 이야기하게 되면서 자연스럽게 보장성 보험의 계약이 함께 체결되었다.

오직 활동량이 답인 것이다. 우리가 무엇을 계약할 것인가, 어떤 제안을 할 것인가는 중요하지 않다. 반드시 고객을 직접 만나서 이야기를 나누다보면 우리의 예상과는 다른 결과가 나오게 된다. 이 일의 가장 큰 묘미는 예측이 안 되는 결과이다.

나는 매니저의 가르침대로 "늘 고객을 만나라"는 메시지를 지금까지도 보험영업의 가장 중요한 핵심 가치로 삼고 일을 하게 되었다.
또한 내가 교보생명 신입시절 활동에 대한 기본 습관을 잡는데 중요한 역할을 한 것은 바로 조직장의 끊임없는 격려와 응원이었다.

매주 2W를 이어가며 나 자신과의 싸움을 치르는 동안, 나는 단 한 번도 혼자라고 느꼈던 적이 없었다. 매주 금요일, 한 주가 마감

세일즈에 빠지다

되기 전까지, 매니저는 늘 힘들게 마라톤을 하는 내 옆에서 러닝메이트가 되어 "넌 할 수 있다. 끝까지 포기하지 마라."며 나를 응원했다. 끝내 2W를 성공하고 늦은 시간 귀사했을 때 단 한 번도 매니저가 나를 기다리지 않은 적이 없었다. 그리고 달성했을 때는 아낌없는 칭찬과 격려로 자신감을 심어 주었다. 아직도 기억나는 건, 매주 2W 달성 시 매니저는 팀원들 앞에서 나의 달성 과정을 공유했다. 힘든 시절, 활동과정에 대한 끊임없는 칭찬은 나를 춤추게 했다. 그리고 지금까지도 활동에 중심을 두고 건수 영업을 하게 된 결정적인 계기가 되었다. 과정을 즐기면 결과는 자연스럽게 따라오게 되어있다.

학창시절 주입식 위주로 된 우리나라 교육제도 하에서 나는 좋은 성적을 내는 학생은 아니었던 것 같다. 그러나 그럼에도 불구하고 나의 큰 장점 중 하나는, 배우려는 의지이다. 내가 만나는 어떤 누구도 인생의 스토리가 없는 사람은 없다. 나쁜 사람, 좋은 사람을 떠나서 사람에게는 반드시 장점이 있고 배울 게 있다. 나는 사람을 만나서 오랜 시간 함께 하든 아주 잠깐을 만나든, 그 사람의 지나온 삶의 이야기를 듣길 좋아하고 그 안에서 그 사람의 장점을 찾으려고 노력한다. 만나는 모든 사람에게서 장점 하나씩만 내가 배운다면, 나의 성장의 한계는 도대체 어디까지가 되겠는가!

보험 세일즈를 하면서 내가 만난 어느 누구도 그냥 버릴 사람은 없었다. 성공한 사람은 성공한대로, 실패한 사람은 실패한대로 그 과정에서 내가 분명 얻을게 있었다.

"벤치마킹은 성공의 또 하나의 지름길이다."

– 윤기주

생존을 위해,
지인을 넘어서다

회사에서는 다양한 교육을 지속, 반복, 주기적으로 우리 FP들에게 제공한다. 매 시기 변화하는 금융시장의 흐름, 우리가 기본적으로 알고 있어야 하는 금융지식, 보험과 관련된 세법 이슈, 교보생명에서 판매하는 상품 정보 등의 교육을 회사에서는 우리가 원하면 얼마든지 접할 수 있도록 꾸준히 제공하고 있었다.

그렇게 차곡차곡 쌓이는 지식과, 지속적인 2W를 위해 많은 고객을 만나며 쌓인 경험이 동시에 누적되면서 보험 세일즈로 롱런을 할 수 있겠다는 자신감이 생겼다.

하지만 그 지식과 경험으로 무장을 하며 오래 달리기 마라톤 선수처럼 잔 근육을 열심히 키워나갔지만, 더 이상은 만날 수 있는 고객이 없었다. 2010년 입사해서 꼬박 3년을 거의 지인 위주로 영업을 했다. 내가 지인시장에서 그나마 오래 버틸 수 있었던 건 꾸준한 활동량과 더불어, 진심으로 고객의 이야기를 들어주고 소통했기 때문인 것 같다.

보험을 시작하면서 바로, 당시 국내에서 막 뜨고 있는 SNS인 Facebook을 시작했다. 아주 소소하지만 메시지가 있는 나의 일상도 올리면서, 내가 보험 세일즈를 열심히 하는 사람임을 끊임없이 각인시켰다. 페이스북 친구가 처음 500명이었으니 나를 아는 사람 500명에게는 꾸준히 내가 원하는 메시지를 전달할 수 있었다. 내가 주로 올리는 메시지는 사람들이 식상해하는 보험정보나 광고가 아니라 본인들에게 직접적인 혜택이 있는 선물 이벤트가 중심이었다. "예쁜 돗자리 보내드립니다! 한정수량이라 신청하신 30명만 보내드립니다! 댓글로 신청해주세요!"이런 이벤트는 가히 폭발적인 인기로 올린 지 몇 시간이 안 되서 마감되었다. 이렇게 꾸준히 이벤트를 하면서 지인들과 그냥 지인 윤기주가 아닌 "교보생명 윤기주FP"로 소통을 했다.

보험영업 초반에 전체 지인들에게 내가 보험영업을 시작했다는 걸 알리는데 정말 효과적이었고, 알려진 지인 시장에서 영업을 하는데 도움이 많이 되었다.

그러나 지인 시장으로 보험 판매에서 내 목표인 롱런을 하는 데는 한계가 있었고, 소개를 받는 건 그렇게 쉬운 일이 아니었다. 업계 용어로 Key-man(나를 전폭적으로 돕는 조력자) 3명만 만들면 이 일은 성공한다는 이야기가 있다. 그런데, 나는 나를 가장 사랑하는 내 가족도 소개하기가 어려운 보험을 남인 다른 누군가가 나의 성공을 위해 발 벗고 나서 준다는 건 쉬운 일이 아니라는 것을 잘 알고 있었다. 타인에게 누군가를 소개시키기 위해서는 그 분야에 전문가적인 이미지가 있어야 한다. 나의 경우는 그 당시만 해도 오랜 시간 부동산중개업을 한 것을 지인들이 알고 있었으니, 보험 전문가로서 인정받기에는 당장은 어려운 상황이었고, 소개까지 기대하기는 무리였다.

지인시장에서 3년간 영업을 하면서 꾸준히 2W를 했으니 계약할 수 있는 지인은 거의 다 계약을 했고, 더 이상 새롭게 만나서 계약할 수 있는 사람이 없었다. 그래도 주위 동료들은 지인만을 상대로 보험영업을 3년씩 하면서, 2W를 한 사람을 본적이 없다고 인생 잘 살았다며 나를 모두 대단하게 칭찬을 했다. 하지만 나로서는 더 이상 찾아갈 지인이 없는 상황이 되면서 두려움에 괴로운 하루 하루를 보내는 날이 많아졌다.

지금 와서 생각해보면 3년 2W는 보험 계약으로 300건을 해야 하는 것인데, 내가 어떻게 그 많은 계약을 했는지 나도 신기할 정도다. 아마도 지인만으로 300건 계약이 가능했던 원천은 나의 가장 큰 장점인 남의 이야기를 잘 들어주고 호응하고, 공감하고, 위로할 수 있는 타고난 본성이었던 것 같다.

2010년 11월 입사해서 연간 실제소득이 2011년은 5,700만 원, 2012년은 6,900만 원, 2013년은 1억 500만 원이었다. 결과적으로 이 일을 시작하고 3년이 되는 시점부터는 부동산 중개업을 할 때의 소득을 뛰어넘게 되었다. 내가 지속적으로 성장하고 있음을 느꼈지만, 더 이상 보험이야기를 같이 할 수 있는 고객이 없다는 생각이 들면서 막막한 생각이 들었다. 우리 일은 두려움이 최대의 적인데 그 두려움으로 인해 즐겁고 행복했던 활동이 갈수록 힘들어지기만 했다.

그러던 중, 2013년 교보생명에서 "평생든든 서비스"를 시작하였다. 평생든든 서비스란 "새로운 계약보다 가입한 고객에 대한 서비스가 먼저입니다."라는 교보생명 창립자 신용호 회장님의 말씀을 슬로건으로 걸고 회사에서 새롭게 만든 고객서비스였다. 교보생명은 60년을 보험 한 길을 걸으며 대한민국 인구의 10%에 달하는 400만 명의 고객이 있다. 400만 명 모든 고객이 보험가입 당시 나처럼 담당 설계사가 있었지만 설계사가 퇴사를 하면서 담당자가 없어지게 되는 경우가 많았다. 회사에서는 퇴사한 담당자의 고객들을 당시 FP의 입사차월, 활동량, 성과 등의 여러 기준에 따라 현재 활동하는 FP에게 배정을 한다. 그럼 새롭게 배정된 FP가 기존 교보생명의 고객을 방문해서 가입하고 있는 보험의 보장내역을 다시 안내하고, 놓친 보험금 청구 건은 청구해드리고, 바뀐 고객정보는 변경해드린다.

나에게 "평생든든 서비스"는 드넓은 사막을 헤매다 얼음물 오아시스를 만난 기분이었다. 만날 고객을 회사에서 배정해주다니 가슴이 두근거렸다.

평생든든 서비스가 시작되면서 그간 내가 해왔던 지인시장에서의 영업과는 다른 전략이 필요했다. 지인들은 나를 알고 만나는 사람이지만, 평생든든 서비스를 통해 만나는 고객들은 나를 알지 못한다. 그리고 기존의 교보생명의 보험을 가입하고 있는 고객들이다. 평생든든 서비스를 통해 만나는 고객들은 지금까지 내가 지인에게 보험을 가입시키기 위해 만나는 것과는 완전 다른 시장이었다.

그때부터 나에겐 엄청난 고민이 시작되었다. 배정된 고객들에게 전화는 어떻게 할까? 전화해서 무슨 얘기를 먼저하고, 어떤 얘기를 해서 약속을 잡을까? 평생든든 서비스가 본격적으로 시작되면서 회사에서 관련된 교육을 많이 하긴 했지만, 실제적으로 현장에서 쓰이기엔 어색하고 비현실적인 부분이 많아서 나만의 전략이 필요했다. 전화는 고객에게 첫인상이기에 중요했다. 여러 케이스로 고민하고 정리를 해보았지만 감이 잘 오지 않았다. 그래서 나의 스타일대로 "부딪히며 배우자."로 결론을 내리고 틈만 나면 TA (Telephone Approach)를 했다.

내가 전혀 모르는 고객에게 전화를 걸었을 때 대부분의 고객은 대꾸를 하지 않고 끊는 경우가 많았다. 그래서 그 짧은 순간에 내 말에 귀를 기울일 수 있도록, 그리고 전화를 끊지 않도록 하는 첫마디가 중요했다. 회사에서 제공하는 TA스크립트에서처럼 "안녕하세요, 교보생명 담당자 윤기주입니다. 고객님 가입하신 보험의 안내를 드리고자 방문 드리려고 하는데 언제가 좋으실까요?"라는 멘트는 해보지도 못하고 전화연결이 끊길 가능성이 높을 뿐더러, 고객에게 낯선 사람의 방문은 전혀 반갑지 않은 일이다. 일단, 내가 이런 고객 서비스를 하는 이유에 대해 정리를 했다. '기존보험 안내 차 방문해서 신계약을 하기 위함인가, 정말 교보생명의 고객에게 우리 회사의 차별화된 서비스를 해드리고 고객의 보장내역을 리뷰하고 놓치고 있는 혜택을 찾아 드리는 것인가?'를 두고 생각해보니 전자에 가까웠다. 그렇다면 교보생명 창립자의 "새로운 계약보다 가입한 고객에 대한 서비스가 먼저입니다."라는 가치이념과 맞지 않았다.

그래서 마음속에는 새로운 계약에 대한 욕심이 생기기도 했지만, "기존 고객에 대한 서비스"다, "나는 고객에게 도움을 드리기 위해 전화하고, 방문한다."라고 끊임없이 자기 암시를 했다. 그러자 내가 전화를 할 때 위축되지 않았고, 고객이 아무 대꾸 없이 전화를 끊어도 화가 나는 게 아니라, 내가 고객을 돕기 위해서 전화한 것을 모르고 끊는 것이 안타까웠다. 확실한 방향이 정해지자 차가운 고객으로 인한 상처가 없었고, 꾸준히 전화를 할 수 있었다. 고객에게 전화를 하면서 모든 것을 메모했다. "2013년 0월 0일 통화. 상냥하게 받아주심. 다음 달에는 시간이 되니 다시 연락 달라고 하심" 등등 내가 전화를 걸어서 느낀 그대로를 모두 메모했다. 다시 연락할 때는 이전의 내용이 상당히 도움이 되었다.

그 평생든든 서비스를 시작한지 3개월째 첫 계약을 하게 되었다. 우리 회사에 변액연금 30만 원을 가입하신 고객님이었는데, 만나서 변액보험에 대해 안내드리고 펀드변경의 대한 정보를 드렸다. 헤어지고 왔는데 고객님이 다시 연락이 왔다. 타사의 연금보험도 몇 개 있는데 그것도 안내해줄 수 있냐고 물었다. 그렇게 타사보험까지 다 안내해드리고 부족한 연금에 대해서도 안내를 드렸다. 고객님은 내가 추천해 드린 연금상품을 월납입금액 100만 원에 가입하셨다.

지인을 넘어서 교보생명 평생든든 서비스로 계약한 첫 경험이 지금까지 나를 희망과 즐거움으로 이 일을 하게 된 바탕이 되었다.

긴 역사를 가진 교보생명이다 보니 고객분들 중에는 20년 전 상품을 유지하고 있는 분들도 있고, 때로는 더 오래된 상품을 유지하시는 분들도 있었다. 첫 계약을 해보고 나니, 더 많은 고객에게 평생든든 서비스를 하고 싶은 마음에 회사에서 주력으로 판매했던 전 상품을 꼼꼼히 공부했다.

나를 아는 지인을 만나서 약간의 프리미엄을 가지거나 친분을 활용해 계약을 할 때와, 나를 전혀 알지 못하는 고객을 만나서 내가 알고 있는 보험 정보를 드리고 고객이 거기에 동의하고 계약을 할 때 느끼는 성취감의 차이는 차원이 달랐다. 어느덧 보험영업에 내 혼을 담아가며 진정한 보험 전문가가 되고 있었다.

"세일즈는 거절 당한 것에서부터 시작된다."

– 야마모토 후지마쓰

Rich market,
인내를 배우다

교보생명에 입사해서 4년 동안 나는 한 곳에서 근무했다. 지점 장만 4번이 바뀌고, 매니저는 5번이 바뀌었다. 처음 2년은 훌륭한 매니저님 덕분에 첫 방향을 잘 잡긴 했지만, 이후 2년은 오롯이 혼자서 해내야 하는 상황이었다. 오직 2W만이 나를 견인해주는 힘이었다. 내 마음이 어떻든 간에 매주 2W를 해야 한다는 부담은 꾸준한 활동으로 이어지고는 있었다. 그러나 내가 할 수 있는 건, 고객을 만나서 기본적인 보장분석을 하고 부족한 보장을 안내하고 제안해서, 계약하는 것으로 딱 거기까지였다.

거의 2년을 혼자서 지인시장과, 교보생명 평생든든 고객시장을 오가며 2W를 이어가던 중 어떤 선배가 "윤기주FP, W를 위한 W 는 그만하고 한 달에 한 건이라도 큰 계약을 할 수 있도록 해봐."

라고 지나가면서 한 말이, 울고 싶은데 뺨 때린 격으로 '안 그래도 2W가 힘들었는데 잘됐다. 나도 매주 계약하는 건 그만하고 큰 계약을 위해 활동해보자.'라고 합리화하면서 주간 계약하는 것을 내려놓았다.

　그런데 정말 충격적인 결과가 나왔다. 2W를 내려놓으니 모든 것이 무너졌다. 늘 매주 해내야 하는 성과 때문에 활동을 게을리할 수가 없었는데, 그 주에 꼭 해야 하는 게 없어지니 계속 활동을 미루게 되는 게 아닌가! '내일 전화 하지 뭐, 모레 만나지 뭐', 이렇게 한 달을 보내면서 마감 날이 되면 깜깜해지는 상황이 세 달간 지속되었다. 정신적으로 가장 괴로운 날들이었던 것으로 기억된다. 작든 크든 매주 내가 활동하고 성과를 내는 것이 어려운 보험영업을 극복하고 그 안에서 내가 성장해 가는 과정이었다. 그런데 그게 없어지니 내가 이제까지 쌓아온 모든 것이 한꺼번에 무너지는 기분이었다.

　더 이상은 혼자서 극복할 수가 없었다. 당시 내가 있던 지원단의 단장을 찾아가 처음으로 부탁을 드렸다. "단장님도 아시다시피, 입사 4년 동안 어려운 환경에서 꿋꿋이 일을 해왔다. 이제는 안정된 조직에서 조직의 도움을 받으며 일하고 싶다."고 말씀드렸다. 단장님은 고심 끝에 나를 지원단 소속의 가장 오래되고 성과를 잘 내는 지점으로 이동시켜 주었다.

새롭게 일하게 된 지점은 성과가 좋은 지점이라고 하니, 내가 민폐가 되면 안 된다는 생각에 가기 전부터 엄청난 부담이 되었다. 2014년 11월부터 새로운 지점으로 출근하게 되었는데, 내가 할 수 있는 건 2W이니 그거부터 시작하자는 심정으로 다시 2W를 도전하였다.

그런데 마침 '기적'이라고 밖엔 말할 수 없는 일이 생겼다. 교보생명에서 최저보증이율이 5%이고 지금까지도 업계 최고인 연금상품 판매가 그 달에 시작되었다. 그 상품의 판매개시는 내가 2W를 다시 시작하는 데에 엄청난 지원군이 되어 주었다. 2014년 11월에는 13건, 급기야 12월에는 25건을 계약하면서 현재까지 나의 10년 보험영업 역사상 최고의 기록적인 건수를 유지하고 있다. 지점을 옮기고 신호탄이 좋았다. 내가 가장 자신 있는 연금 상품에 활동량을 합치니 어마어마한 결과를 얻을 수 있었다. 새로운 환경이라는 긴장감과 2W라는 도전이 처음 내가 가졌던 보험에 대한 열정과 설렘을 다시 불러 일으켰다. 그때 다시 시작한 2W를 지금까지도 이어오면서 이 책을 쓰고 있는 2020년 6월 29일에 290주를 달성하고 있다.

성과를 잘 내는 지점에 오니, 일 잘하는 FP들도 많았다. 내가 그 전에 했던 100만 원의 큰 계약은 이 지점에서는 비일비재하게 나오는 계약이고, 그 외에도 한 번도 직접 주변에서 본 적이 없는 사망보장금액이 10억, 20억인 종신보험 계약도 바로 옆에서 보게 되었다. 말로만 듣던 계약을 실제로 보게 되니 정말 신기하고 놀라웠다.

지금까지 일면식도 없었던 고객을 교보생명 평생든든 서비스를 기반으로 처음 방문해서 고객님들에게 보장분석을 제공하고 암보험, 건강보험, 연금보험 등을 소개했다. 보험료가 저렴한 보험계약을 위주로 활동량을 늘려가면서 2W을 달성하고 있던 나로서는 VIP고객이 많지 않았고, 그러다 보니 VIP고객을 어떻게 관리해야 하는지에 대한 노하우도 부족한 상태였다.

그런 과정에서 새로운 지점의 고액계약의 사례를 보니, 자산가 고객이나 기업 대표를 만나서 기본적인 보장분석을 바탕으로 CEO플랜, 상속플랜, 은퇴플랜, 금융상품 투자에 대한 조언과 상담으로 계약을 하고 있었다. 이런 고액자산가들의 상담에는 지점장이나 당사가 제공하고 있는 서비스인 재무설계 서비스 상담을 활용하고 있었다. 지난 4년간 지점장이나 매니저와 함께 하는 "동반상담"의 경험조차도 거의 없이 혼자 모든 계약을 해야만 하는 줄 알던 내게 이러한 영업문화는 정말 신선한 충격이었다.

교보생명의 재무설계 센터에서는 우수고객을 대상으로 다양한 서비스를 제공하고 있었는데, FP의 요청만 있으면 부동산, 법률, 세무, 회계, 노무, 유학 분야까지 고객이 원하는 상담을 얼마든지 할 수 있었다. 이런 시스템을 모르고 살았던 4년이 억울하게 느껴졌다.

우수고객을 대상으로 보험을 영업하기 위해서는 지금까지 2W를 했던 것처럼 한두 번 만나서 고객의 간단한 니즈를 충족시키는 건강보험을 계약하는 것과는 달랐다. 고객과 충분한 대화를 통해 고객의 복잡한 재무상황을 파악하고 조언을 해야 고객의 니즈에 맞는 보험계약으로 연결될 수 있다는 것을 알게 되었다.

그때부터 내 삶은 과거보다 훨씬 더 바빠지게 되었다. 내가 5년 넘게 해온 매주 보험 상품 2건 이상 판매(2W)를 지속하면서, 우수고객님들을 상대로 인간관계를 형성하는 Long term 전략을 동시에 해내야 했다. 일도 잘하고 세 아이의 좋은 엄마가 되고 싶은 나에게 하루 24시간은 턱없이 부족했다.

2W를 위해서 계약을 하는 경우는 고객을 만나기 전 사전 준비와 계약상황에 대한 보장분석을 치밀하게 준비하면, 처음 만난 고객들과 계약을 하는 경우도 종종 있었다. 그러나 종신 보험으로 사망보험금 5억, 10억 원을 제안하고 계약까지 하기 위해서는 한두 번 만나서 계약하는 것은 상상도 할 수 없는 것이었다. 처음 보험 영업을 하면서 잘못된 버릇이었을까? 건강보험, 암보험처럼 고객의 니즈가 이미 존재하는 상품을 주로 팔았던 내가 고액자산가, 법

인 대표님들을 만나서 고객의 니즈를 환기시켜서 계약을 체결하는 것은 정말 오랜 시간이 소요되는 경우가 대부분이었다. 사실 성공 확률만 따진다면 보험료 10만 원짜리를 10건 하는 것이 보험료 100만 원짜리 한 건 보험을 계약하는 것보다 더 효율적일 것이다. 고액 보험계약 체결을 위해서는 오랜 시간 고객의 변화와 니즈에 관심과 애정을 갖고, 고객의 선택을 기다리는 인내가 필요했다.

당사자가 아닌 옆에서 보기에는 남이 하는 월 보험료 100만 원짜리 계약이 성사되는 것만 멀리서 보기 때문에 다들 부러워하고 쉬워 보이는지 모른다. 하지만, 10만 원짜리 보험계약의 10배의 노력보다 훨씬 더 많은 정성을 쏟아야하는 경우가 더 많았다. 또한 보험 계약이 체결된 이후의 노력도 많은 시간과 정성이 필요하다는 것을 배웠다. 주변의 고액 계약의 사례들은 단순 활동량만을 기반으로 계약하던 나의 영업패턴을 변화시키고 VIP시장으로 가게 된 계기가 되었다.

그렇게 배운 인내를 바탕으로 시작한 우수고객님들을 케어하는 내 경험은 조금씩 쌓여갔다. 보험영업을 하면서 지금까지는 나 혼자 한다고 생각했는데 이제는 교보생명이라는 든든한 지원군이 함께한다고 생각하니 VIP시장에 대한 더 강한 자신감이 생겼다. 그 자신감은 더 많은 고객님들을 만나는데 두려움보다는 설렘으로 작용하여 나를 한 단계 성장시켰다. 처음 보험을 시작할 때처럼 열심히 하면 된다는 생각에는 변함이 없지만, 혼자만 열심히 하는 것은 노력에 비해서 성과를 내는데 한계가 있다는 것을 깨달았다.

　그리고 결정적으로 큰 성과를 내는 주변 설계사를 보니, 공통점이 무조건 '제안'하는 것이었다. 난 아무리 대단한 자산가를 만나도 10억 20억을 '제안' 해보지 않았다. 그런데 고객은 반드시 우리가 제안해야 계약을 하는데, 내가 10억을 제안하지 않았기 때문에 난 4년 동안 한번도 10억 계약을 해본 적이 없었던 것이다.

　새로운 지점으로 이동한지 1년 만에 사망보험금 10억 종신보험을 처음으로 체결해 보았고, 그 1년 동안 사망보험금 5억 종신보험은 5건을 체결하였다.

　가까운 곳에서 실제 사례를 보니, 이제까지 남의 일이었던 고액 종신보험이 남의 일이 아니라 나의 일이 되었다. 성과를 잘 내는 분들처럼 제안했더니 나도 계약을 할 수 있었다. 새로운 시도와 인내, 회사의 시스템 활용을 통해 드디어 2015년 교보생명의 상위 1% 그룹인 "프라임리더"그룹에 입성하게 되었다.

"의지, 노력, 기다림은 성공의 주춧돌이다."

\- L.파스퇴르

제 **3** 장

세일즈를 즐기다

세일즈는 이 세 가지 말고는 없다고 생각한다.

1. 어떤 목표를 가지고 이 일을 하는가.

2. 목표를 이루기 위해 어떻게 활동해야 하는가.

3. 나의 고객을 어떤 서비스와 전략으로 지킬 것인가.

늘 깨어있게 하는
목 표

나의 목표는 보험회사 입사 전 교육을 받으면서 정해졌다. 누구에게든 제안하고 세일즈 할 수 있는 보험영업이 정말 매력적이었고, 상부상조의 가치를 둔 보험 상품의 구조가 보람된 일이라는 확신이 들었다. 교육을 받으면서, 힘들었던 병아리 시절을 겪으면서 내내든 생각은 정말 끝까지 살아 남아서 이 일을 오래하고 싶다는 것이었다.

그래서 나의 목표는 처음도 지금도 오직 롱런(long-run)이다. 내가 일하는 지점 전체 FP가 35명이고, 그 중 70세가 넘으신 FP님이 다섯 분이시다. 가장 오래 일하신 분이 35년의 경력을 가지고 계신데, 집에 계신 나의 어머니와 비슷한 연배인데도 훨씬 더 젊어 보이시고 총명하시다. 평생 나의 일이 있다는 건 이런 것 아닐까. 고객을 책임져야 하는 우리 일은 꾸준히 나를 관리하게 되고, 나 자신을 늘 긴장하게 만든다.

노후에는 경제적인 여유, 생계를 위해서가 아닌 즐길 수 있는 일, 함께 놀 수 있는 사람, 이 세 가지 조건만 충족하면 충분히 행복할 수 있다. 우리 일은 이 세 가지를 모두 충족시킨다. 70세가 넘어서도 아침에 일어나 단장하고 출근할 나의 일터가 있고 함께 수다떨 동료가 있다면 얼마나 행복한 일이겠는가. 게다가 자식들에게 용돈을 받는 게 아니라 줄 수 있는 경제력까지 있다면 누구보다 당당한 노후의 삶이 될 것이다.

내가 근무하는 교보생명에는 FP라는 직함을 가지고 보험세일즈를 하는 보험설계사가 약 12,000명 정도 일하고 있다. 매달 400명이 새롭게 들어오고 매달 400명이 이 업을 그만둔다. 롱런 70세 넘어서까지 일하는 것이 얼마나 어려운 일인가를 이 숫자를 보면 쉽게 알 수 있을 것이다.

보험회사도 영업조직이다 보니, 조직평가의 지표는 성과이기에 관리자에 의한 실적 부담은 당연히 존재한다.

하지만, 나는 이 일을 앞으로도 32년을 더 하는게 목표이고 , 그 목표를 생각할때마다 나의 75세 시점의 은퇴하는 모습을 상상하게 된다. 그렇게 롱런하는 내 모습을 그려보면, 오늘 당장의 실적이나, 이달의 마감은 그리 괴롭고 어려운 일이 아니다. 아직도 나에게는 384번의 마감이 남아 있는데 당장 이달의 결과는 나의 긴 보험인생에 깃털같은 것이리라. 당연히 매순간 최선을 다해야 하는 것은 맞으나, 이 긴 마라톤에서 잠깐 걸어간들, 잠깐 앉았다 간들 뭐 어떻단 말인가. 내 목표는 오직 2052년 결승점에 골인하는 것이거늘.

나는 70세가 넘어도 당당하게 "윤기주 FP" 명함을 가지고 고객을 만나는것! 나와 40년을 함께한 고객을 끝까지 지키는것! 그것이 목표이다. 그래서 내 미래의 모습은 지금 함께하고 있는 우리 지점 선배FP님들 이다. 가까운 곳에서 늘 그 뒷모습을 보며 목표를 가질 수 있어서 정말 감사한 일이다.

> "끝을 조절하기를 처음과 같이 하면
> 실패하는 일이란 결코 없다."
>
> – 노자

매일의 목표

보험회사에서는 월초가 되면 많은 조직장이 FP에게 "FP님, 이 달 실적은 어떻게 하실건가요?" 라고 묻는다. 즉, 이번 달 계약을 얼마나 할거냐는 숫자에 대한 질문이다. 당연히 모든 FP는 실적을 잘 내고 싶은 마음이 어떤 누구보다도 간절하다. 달성하고 싶은 실적을 목표로 한다면 다들 어마어마한 목표를 내놓을 것이다. 하지만 목표라는 것은 내가 계획을 세우고 열심히 노력하면 이룰 수 있는 것이여야 한다.

내가 이번달에 몇 건의 보험계약으로 얼마의 보험료를 달성하겠다는 목표를 잡았다고 하자. 쉽게 예를 들면 10건의 보험계약에 500만원의 보험료라고 한다면, 매 건마다 50만원의 보험계약을 해야한다. 그러면 관리자는 이 보험 영업의 통계상 10명 전화를 하면 1명 상담이 잡히고, 상담을 5명 할경우 1건의 보험계약이 되니 그것을 기준으로 계획을 잡으라고 강조한다. 너무나 멋진 목표이고, 정말 빈틈이 없는 계획이다.

하지만, 이러한 계획에는 너무나 큰 오점이 있다. 이 계획 중에서 내가 열심히 하면 달성 가능한 계획이라는 것은 하루에 10명에게 전화를 거는 것 뿐이다. 그 외에는 내 노력만으로 달성할 수 없는 것들이다. 지금까지 10명에게 전화하면 1명 정도 상담 약속을 잡았다는 것이지, 보험영업이라는 것이 앞으로도 그럴 것이라고 가정을 할 수 없다. 즉, 통계일 뿐이다. 그러나 상담약속을 잡는 것은 그래도 어느 정도 예측이 가능하지만, 고객을 만나서 5명 중에 1건 정도 보험 계약이 이루어지는 것은 정말 상황에 따라 너무나 많은 변수가 작용한다. 상상 속의 일이긴 하지만 그래도 5명을 만나서 한건 계약을 한다고 가정을 해도, 계획대로 딱 맞춰서 1건이 월 보험료 50만 원짜리 계약이 될 가능성은 로또 당첨 확률만큼이나 낮다.

10년의 경험에서 월 보험료 500만 원 보험계약을 체결한 적은 손가락으로 꼽을 정도이다. 산속에서 산삼을 캐는 심마니는, 산삼을 캐면서 돈을 버는 것 같지만, 실질적으로 산삼보다는 주변의 약초를 채취하면서 기본적인 소득을 유지한다. 산삼을 캐는 것은 자주 있는 일이 아니다. 내가 체결하는 계약의 대부분도 심마니가 약초를 채취하듯 몇만 원대 보험료로 구성되어 있다. 몇 건의 계약으로 한 달에 500만 원 목표를 달성하기 위해서는 매 건당 50만 원을 해야 하지만 그런 식의 목표는 정말 나를 움직이게 하는 에너지원이 되지 못한다. 목표액보다 적은 계약을 체결할 때 내가 느끼는 감정은 과연 어떻겠는가? 목표를 달성했다는 생각을 가질 수가 없을 것이다.

보험영업은 다른 세일즈와 달리 월 보험료 1만 원부터 수백만 원, 수천만 원 보험까지 그 종류가 다양하고, 크기도 다르다. 우리가 하는 보험계약은 그 종류와 크기에 상관없이 체결했을 때 느낄 수 있는 성취감이 존재한다. 보험영업에서는 아무리 작은 보험이라도 그 성취감이 있고, 그 성취감으로 또 큰 결과를 만들어가는 과정이 중요한 것이다.

그러나 매건 당 50만 원 보험료를 목표로 고객을 만나게 된다는 것은 정말 힘든 일이다. 모든 고객이 소중한 것이지 내 목표 달성을 위해 계약을 해줄 고객이 중요한 것이 아니다. 보험영업으로 롱런을 하기 위해서는 모든 보험계약을 통해 성취감을 맛보고, 실패한 계약에 대한 위로를 받아야지만 오랜 동안 이 일을 할 수 있다. 숫자에 대한 목표는 보험영업을 오랫동안 하는데 오히려 독이 될 수도 있다.

보험회사에서도 정말 VIP고객만을 상대로 수백만 원 대 이상의 보험료를 목표로 영업을 하는 사람도 있지만, 그 숫자는 12,000 명 중에서 몇 십 명도 되지 않는다.

그러나 우수고객을 상대로 영업을 하는 사람들의 1년 계약 건수는 많아야 20건 정도로 한 달에 1~2건의 보험 계약으로 자신들의 목표를 달성하는 것이고, 때로는 1~2달을 보험계약 1건도 없이 보내는 경우가 종종 있기도 하다. 보험계약이 없는 기간 동안 그들은 우수고객과 관계형성을 하고 엄청난 노력을 하지만 그 성과는 어떤 경우도 확신할 수 없는 일이다. 나는 주위에서 우수고객을 상대로만 영업을 하는 사람들이 확신할 수 없는 성과로 인해 정말 많은 고민과 갈등을 하고 지내는 것을 보아왔다. 나는 평생 해야 하는 내 일의 과정이 즐겁기 위해 노력한다. 나는 지난 10년간 총 1,125건, 연간으로는 평균 112건의 계약을 했다. 오직 고객을 만나는 과정을 즐기며 활동하다보니, 나도 모르게 이루어낸 결과이다.

그런데 보험회사의 관리자들은 10년 전이나 지금이나 목표를 숫자로 표시하여 한 달에 몇 건, 보험료 얼마로 적어내라고 한다. 그러나 내가 노력했을 때 달성 가능한 목표는 너무나 단순하다.

나의 목표는 보험에 관련되는 보험 계약 몇 건, 보험료 얼마가 아니다. 이 변수는 내가 조절할 수 있는 변수가 아니다. 그런 변수는 더 이상 목표가 되어서는 안된다. 그리고 내가 처음부터 목표로 설정하고 있는 롱런에 아무런 도움이 되지 않는다. 그럼 내 목표는 무엇인가?

"목표는 오직 내 노력만 있으면 달성 가능한 것이어야 한다."

윤기주의 목표는 "매일 두 사람을 만나서 보험 관련된 이야기를 하는 것이다." 그 보험 내용이 어떤 것이든 관계가 없다. 교육보험, 건강보험, 연금보험, 저축보험, 종신보험, 암보험, 실손보험 등등 어떤 보험내용이든 관계가 없다. 이 목표는 내가 열심히 하면 달성 가능한 것이고, 그 보험이야기는 보험계약으로 성사가 되고, 체결된 보험료가 모여서 내가 달성해야 할 숫자를 이루어 내는 것 같다. 그럼 나는 숫자에 대한 목표는 없는 것인가? 당연히 회사에서 지금의 프라임리더를 달성하기 위해서 아주 높은 숫자 목표치가 있다. 하지만 나는 그 숫자를 생각하지 않고 그저 내가 목표한 "매일 두 사람과 보험이야기를 나누자."만을 생각하고 10년의 보험영업을 해왔다. 그런데, 지금까지는 매년 회사에서 나에게 바라는 숫자를 달성해왔다.

목표는 열심히 내가 노력하면 달성 가능한 목표가 되어야 한다. 그래야 나를 나태하게 하지 않고 쉼 없이 움직이게 하는 에너지원으로써 충실한 역할을 할 수 있다.

"자기 힘으로 달성할 수 있는 목표를 세워라."

– 윤기주

매일의 성공

윤기주의 매일 목표인 "두 사람과 보험 이야기를 나눈다"를 달성하기 위해서는 엄청난 노력이 필요하다. 나는 고객과 만나 자리에 앉으면, 기본적으로 2~3시간은 이야기를 나눈다. 나는 긴 수다 덕분에 내가 계획한 시간에 맞춰 자리에서 일어나는 경우가 거의 없다.

동료들은 내가 강의하는 모습이나, 회사에서 동료들과 이야기할때의 모습을 보고, 고객을 만나면 내가 주로 이야기하며 대화를 주도할거라고 생각한다. 하지만 그건 완전히 반대이다. 나는 말을 잘하기도 하고, 이야기 하는것을 좋아하지만 고객을 만나면 듣는것을 더 좋아한다. 내가 만나는 모든 사람에게는 나이와 직업 또는 자산의 규모와 상관없이 인생의 엄청난 스토리가 있다. 나는 고객 한분 한분의 살아온 이야기, 가지고 있는 철학을 듣고 있으면 재미있는 책 한권을 읽는듯 그 이야기에 푹 빠진다.

지난 10년간 내 삶이 더 풍요로와 진것은 고객의 삶을 통해 배우고 느끼며 끊임없이 내가 성장했기 때문일 것이다.

그러니, 매일 고객 두명을 만나는 것은 하루를 꽉 채우는 활동이 된다. 하루에 두 명을 만나서 보험이야기를 나누기 위해서 매일 두명의 약속을 잡는 것은 결코 쉬운 일은 아니다. 두 명의 약속을 잡기 위해서는 적어도 전화를 열군데 이상은 해야 두명 고객과의 약속을 잡을 수 있다. 일정의 변수가 많기 때문에 특별히 고객에게 전화하는 시간을 따로 정하고 하는것은 불가능하다. 하루 일과 중 비어 있는 시간에 틈틈히 약속을 잡기 위해 전화를 하고, 일과가 끝나면 다음날 약속을 확정하기 전에 나에게 퇴근은 없다. 거리상 사무실과 먼 곳이라 귀사를 못하면, 차안에서 주로 전화를 하며 다음날 고객 약속을 잡는다.

내가 정말 보물처럼 항상 내 차에 꼭 지니고 다니는 것은 고객관리수첩이다. 물론 전화번호를 비롯한 대부분의 고객정보는 스마트폰이나 태블릿을 활용해서 관리하지만, 전자시스템과는 다르게 아날로그 수첩은 언제 어디서든 한눈에 고객 전체를 확인할 수 있는 장점이 있다. 그리고 내가 특별히 챙겨야 하는 고객이나 시기에 따라 놓치지 말아야 하는 내용을 눈에 띄게 체크해두고 메모할 수 있는 고객수첩은 고객관리에 있어서 반드시 있어야 하는 필수도구이다.

어쩌다 두 명의 고객을 못만나는 일도 종종 있을 수 있다. 우리 일은 유동적이고 예상치 못한 일들의 연속이기 때문에 그런 상황은 언제든 존재한다. 그럴때면 난 보험료상령일(보험가입 나이가 올라가는 기준이 되는 날)이 가까운 고객이나, 최근에 결혼이나 출산의 변화가 있는 고객, 또는 일전에 제안했는데 거절하거나 미룬 고객에게 전화를 한다. 고객을 만나지 못한 날이라 하더라고, 전화로도 충분히 고객과 보험이야기를 나눌 수 있다. 반드시 직접 만나서 안내를 해야 한다는 생각은 나도, 고객도 부담스러운 일이다. 상황에 맞추어 소통하는게 오히려 "다음"이라는 기회를 만들 수 있다.

나의 매일의 성공은 어떤 경우든 두 명의 고객과 보험이야기를 나누는 것이다. 이것은 내가 마음만 먹으면 내 힘으로 얼마든지 이룰 수 있는 목표이고, 그 목표를 이룬 날은 성공한 하루이다.

"우리는 성공보다 실패를 통해 더 많은 것을 배운다.
하지 말아야 할 것을 발견함으로써 해야 할 것을 발견하게 된다."
– 밀턴

Action Plan AP5-2W
(Approach Five-2Week,
1주일에 보험제안 5명과 2건 계약)

　　윤기주가 생각하는 AP(Approach)는 "고객의 상황에 문제제기를 해서 보험의 니즈를 환기한 후 상품제안까지 하는 것이다." 상품제안은 그냥 종신보험, 연금보험 제안이 아니라, 구체적인 제안, 즉 1억 사망보험금인 월 30만 원 종신보험, 또는 암진단자금 1억 원짜리 월 5만 원 암보험으로 제안하는 것이다. 나는 매일 두 사람을 만나서 보험이야기를 하는 것을 목표로 수십 통의 전화를 하고, 매일 2건의 상담 약속을 잡는다는 것은 앞에서 이미 언급했다. 그리고 내가 이야기하기 보다는 고객의 이야기를 많이 들어주어야 한다는 것도 이미 언급했다. 그러나 고객과 수다만 떨고 고객의 이야기를 들어만 준다면 보험설계사의 목표인 보험계약을 달성할 수 없을 것이다.

고객과의 대화를 통해 대화를 통해 보험계약을 체결하기 위해서는 고객에게 보험계약 전단계인 AP단계를 반드시 거쳐야만 한다.

나는 고객을 만나서 AP를 할 때, 이 세 가지를 반드시 내 이야기에 녹여 낸다. 이 세 가지 어느 것도 고객의 동의가 되지 않으면 계약까지 이끌어 내기는 어렵다.

첫째, 왜 우리 교보생명이어야 하는지.
둘째, 왜 윤기주 FP이어야 하는지.
셋째, 왜 지금 해야 하는지.

첫 번째, 고객에게 회사에 대한 신뢰를 갖도록 회사 소개를 잘하는 것은 매우 중요하다. 국내에 있는 모든 보험사는 중소기업이 없다. 나름대로 모두 대기업이고 각각의 장점이 충분히 있는 회사라고 나는 생각한다. 고객이 장기간 거래하게 되는 보험상품은 월보험료가 크든 적든, 최종적으로 내는 돈은 모두가 큰 돈이다. 고객의 입장에서는 회사의 안정성이 매우 고려되어지는 기준이다. 신뢰가 가장 중요한 것이다.

그래서 나는 다른 회사와 교보생명이 눈에 띄게 다른 차이점을 몇 가지 강조한다. 교보문고를 자회사로 두고 있는 교보생명은 신용호 창립자께서 강조하신 "책은 사람을 만들고, 사람은 책을 만든다."라는 기본정신을 바탕으로 두고 있다. 그리고 "책 도둑은 도둑이 아니다.", "서점은 책만 파는 곳이 되어서는 안되고, 책을 마음껏 읽을 수 있는 공간이 되어야 한다."는 고귀한 정신을 바탕으로, 교보문고는 한국인이면 누구나 책을 무료로 읽을 수 있는 쉼터와 같은 곳으로 운영되고 있다.

내가 교보생명에 입사했을 때 이런 생각을 했다. 회사는 임대료가 최고로 비싼 광화문 본사나 강남 교보타워의 지하를 지금의 교보문고가 아닌, 음식점이나 다른 업종으로 임대를 했으면 교보문고에서 벌어들이는 수익보다 훨씬 더 많은 수익을 남길 수 있었겠다는 짧은 생각이었다. 교보생명 신용호 창립자님의 굳은 의지로 이익을 남기지 못하지만 사람을 변화시키는 책을 대한민국 국민이면 누구나 쉽게 읽을 수 있게 교보문고로 둔 것이라는 설명을 들었다. 그리고 출판 관계자로부터 교보문고에 대한 신뢰는 거의 절대적이란 얘기도 들었다. 그러한 교보생명이 보험을 만들면 어떤 정신으로 보험 상품을 만들겠는가. 회사의 이익만 우선으로 금융회사가 운영된다면 고객은 회사를 신뢰할 수 있겠는가.

두 번째, 고객님들께 교보생명에 대한 신뢰를 갖게 했다면 보험설계사인 "윤기주가 어떤 사람인가?"를 알려줄 수 있는 설명을 한다. 대한민국에 보험설계사는 30만 명 이상으로 보험 상품을 가입할 때 꼭 윤기주일 필요는 없는 것이다. 그런 측면에서 나는 고객님들께 윤기주와 보험상품을 통해서 인연을 맺었을 때 제공해 드릴 수 있는 서비스에 대한 설명을 한다.

가장 먼저 윤기주가 제공할 수 있는 서비스는 개인 윤기주가 제공하는 것이 아니라 교보생명이 제공하는 '헬스케어서비스'이다. 많은 고객들은 본인이 걸린 질병에 가장 훌륭한 병원과 의사를 안내 받기를 원하는데, 윤기주FP를 통하면 그 안내를 받을 수 있다는 것이다. 물론 일정조건의 보험을 가입하면 교보생명을 통해 헬스케어서비스 대상자가 되기도 한다.

그리고 교보생명이 지니는 또 하나의 장점인 재무설계 서비스를 자세하게 설명한다. 법률, 세무, 노무, 부동산, 유학상담 등 특정 분야의 전문가들을 자문단으로 두고 있는 교보생명의 재무설계센터를 통해서, 고객님들이 혹시라도 만나게 되는 역경에서 윤기주가 좋은 다리역할을 할 수 있다는 것이다. 각 분야의 전문가들과 상담을 했을 때 상담료는 교보생명에서 대신 지급하고, 고객님들은 무료로 서비스를 받을 수 있다.

또, 법인 대표님들에게는 대표님들의 회사 직원들을 대상으로

'다원서비스'를 소개하는 것도 중요한 일이다. 법정 의무 교육에 대해 법인은 직원을 대상으로 강사료를 지급해야 하는 경우가 많다. 하지만 윤기주와 인연을 맺으면 무료로 교육진행을 해드리는 다원서비스가 있는데 이것 또한 나의 중요한 경쟁력이다.

그리고 가장 고객들이 만족해 하는 서비스인, '보험금지급서비스'이다. 다른 서비스가 회사 내의 시스템을 활용해서 해드릴 수 있는 서비스였다면, 이 서비스는 내가 직접 세심히 챙겨드리는 서비스이다. 많은 고객님들이 보험을 가입하지만 보험금을 지급받는 경우가 실손보험이 생기기 전까지는 많지 않았다. 그러나 실손보험이 생긴 이후부터는 상황이 많이 변했다.

간단한 질병이라도 병원을 방문하고 치료비가 일정 금액 이상이 되면 대부분의 실손보험에서 보상을 해주고 있다. 고객은 병원을 다녀 온 후 진료비 영수증, 진료비 세부내역서, 진료확인서 등 챙겨야 할 서류들이 많다. 서류를 준비한 후 보험사에 실손의료비 청구를 해야 하고, 만약 서류가 누락되었을 때는 다시 병원을 방문해서 서류를 챙겨서 제출해야 하는 많은 번거로움이 있다. 그러나 윤기주와 보험으로 연을 맺게 되면 사소한 보험금 청구도 윤기주가 직접 신청해드려 불편함을 덜어 드릴 수 있음을 소개한다. 물론 보험금 청구서비스는 700명 이상의 고객을 관리하는 나로서도 모든 고객님들께 제공해 드릴 수는 없는 것이지만, 최대한 많은 고객님들께 제공해 드리기 위해서 보험금 청구서비스를 전담하는 파트너를 채용해서 운영하고 있다.

이렇게 고객이 나를 선택함으로 인해 얻게 되는 혜택과 유리한 점을 잘 풀어서 이야기 하다보면, 고객은 이왕 가입하는 보험을 좀 더 똑똑한 설계사와의 인연을 통해 관리 받고 싶어진다.

AP단계에서 반드시 녹여내는 마지막 세 번째는, 보험 가입을 지금 해야 하는 이유에 대해서 설명을 한다. 내가 지금까지 만난 모든 고객님들은 많은 종류의 보험을 가지고 있었다. 그러나 그 어떤 고객도 질병과 사망이라는 역경이 닥쳤을 때 완벽하게 준비되어 있는 고객님은 아무도 없었다. 아니 그 어떤 고객님들도 완벽하게 위험을 대비할 수는 없을 것이다. 그래서 나는 만나는 모든 고객님들께 당사가 제공하는 보장분석을 제공받아 볼 것을 권유한다. 과거에는 보험증권을 받아와서 사무실에서 보장분석을 한 후 고객님을 다시 만났어야 했지만, 최근 교보생명이 제공하는 보장 분석 서비스는 태블릿 PC만 있다면 고객님들과 첫 만남에서도 얼마든지 보장분석 서비스를 제공할 수 있다. 보장분석에 대한 상담까지 이루어지면 완벽한 AP가 가능하게 된다.

보장분석을 통해 고객에게 부족한 보험 내용이나 중요한 보장이 빠진 것을 체크하면서, "영원히 안하실거 아니시면, 보장은 하루라도 빨리 준비하시는 게 유리합니다."라고 안내드린다. 고객의 보험가입 나이는 오늘이 가장 젊을 것이고, 고객의 신체적 조건은 오늘이 가장 건강할 텐데, 미루어지면 보험료는 비싸지고 가입자체가 어려워질 수 있다. 보험은 청약과 승낙으로 이루어진다. 고객이 원한다고 해서 무조건 가입되는 게 아니라 회사의 일정한 기준에 부합되는 조건이 되어야 심사를 통해 승낙이 된다.

고객에게는 "오늘"이 보험가입하기에 가장 유리한 날이다.

10년을 일해 오면서 보장분석 서비스를 제공받고 난 후 보험계약을 하지 않는 경우는 많지 않았다. 오히려 보장분석까지 이르지 못한 경우가 많았던 것 같다. 그래서 내 하루 목표는 2명의 고객을 만나는 것이지만, 내 1주일 목표는 AP를 5건을 달성하는 것이다. 내가 10년을 교보생명에서 근무하면서 2W(1주일에 보험계약 2건 달성)를 달성하지 못한 주는 손가락으로 꼽을 정도이다. 나는 현재 2W을 6년 연속 290주를 달성하고 있다.

나는 매달, 얼마만큼의 보험료나 몇 건의 보험계약을 목표로 일을 하진 않는다. 하지만, 매일 두 명을 만나서 보험이야기를 하고,

그 주에 5명에게 AP를 한다. 그 활동을 이루기 위해 또 수십 통의 전화를 한다. 과정의 목표는 반드시 존재한다. 내 안에서, 나의 결심과 노력만 있으면 가능한 목표를 이루지 못한다면, 더 큰 목표는 어떻게 이룰 수 있겠는가!

"성공이란 결과로 측정하는게 아니라,
그것에 소비한 노력의 총계로 따져야 할 것이다."
– 에디슨

세일즈에 빠지다

목표 사례

목표가 얼마만큼 선명하고 절박한가는 정말 중요한 동기부여가 된다. 모두가 잘하고 싶은 마음은 있지만, 그 마음처럼 실행을 하기는 쉽지가 않다. 고객에게 전화해서 보험을 안내하고, 만나서 가입권유를 하는 것은 우리가 반드시 해야만 하는 과정이기는 하나 모두가 두려워하고 미루고 싶은 과정이다. 그래서 목표는 기간이 확실히 정해져 있어야 한다. 무기한의 목표는 의미가 없다.

'언제까지!' 라는 기한을 둔 목표가 절박하면 할수록 우리는 실행에 옮길 수 있는 확률은 높다.

2017년 12월 28일.
연도마감을 하루 앞둔 날. 프라임리더 업적의 1/3을 남겨두고 있었다. 모두가 불가능이라 생각했고, 나 역시 마감 하루를 앞두고 거의 자포자기 상태였다. 하지만, 2015년도와 2016년도 프라임리더를 달성하면서 그 성취감과 자신감으로 어려운 영업현장에서 버틸 수 있었는데, 이번에 달성하지 못하면 왠지 쌓아올린 탑이 와르르 무너지면서 다시 처음부터 시작일 것만 같았다. 다시 시작한다는 건 자신이 없었다. 반드시 달성하고 싶은 마음이 간절했다.

그해 9월에 소개받아 만난 서울 최대 규모의 송파구 횟집 대표님께 여러 번 거절을 받은 상황이었다. 안 될 때 안 되더라도 후회 없이 할 수 있는 건 다 해보자라는 심정으로 마감전날 저녁 용기 내어 전화를 다시 했다. 전화를 받자마자 대표님은 "아, 윤기주 씨 제발 전화 그만 좀 할래요?!" 일 년 중 가장 바쁜 때에 나의 전화는 타이밍상으로도 정말 별로였을 것이다. 그래도 이왕 전화연결이 되었으니 빠르게 용건을 이야기했다. "대표님! 전에 제안 드린 플랜은 대표님께서 필요한 플랜이고 반드시 준비해야겠다고 하셨는데, 영원히 안하실 게 아니시면 올해 고민해보시면 어떠세요?", "뭐? 올해? 올해면 며칠 남지도 않았는데!", "네 대표님 내일밖에 시간이 없습니다. 내일 오후에 잠깐 방문 드려서 다시 안내드릴 테니 30분만 시간 내어 주세요!", "아, 윤기주 씨 대단하다 대단해! 나 진짜 시간 없으니깐, 내일 3시에 우리 쪽 회계사 불러둘 테니 와서 다시 설명 해봐요!"

난 다음날 약속시간 3시까지 온 마음을 다 비우고 오직 PT 준비에

만 집중했다. 최선을 다해 약속을 잡았고, 그 약속이 깨지지 않는다면 기회는 한 번 더 온 것이다. 여러 경우의 수를 두고 준비를 철저하게 했다.

다행히 3시까지 약속취소 전화는 오지 않았고, '땡' 하는 시간에 맞춰 대표님 사무실로 갔다. 회계사와 회사 총무, 그리고 대표님 세 분이 있었다. 먼저 처음 본 회계사에게 명함을 건네고 내가 제일 자신 있는 아이스브레킹(ice breaking-새로운 사람을 만났을 때에, 어색하고 서먹서먹한 분위기를 깨뜨리는 일)을 했다. "어쩜 이런 든든한 분이 대표님 곁에 있으니 저 같은 사람이 접근이 어려웠군요. 이제 이해가 가네요, 대표님과 인연이 되면 저도 회계사님 도움을 좀 받아야겠습니다. 저 좀 잘 부탁드릴께요~" 분위기를 좀 부드럽게 하고 차분히 준비한 CEO플랜을 다시 안내드렸다. 쭉 이야기를 듣다가 회계사가 먼저 "대표님, 하시면 되겠는데요!"라고 말하자 대표님은 "그래? 우리 회사에 도움이 되는거 맞나?"라고 되물었다. 회계사가 "네, 지금 회사 매출도 안정적이고, 대표님의 리스크관리도 되지만, 이후에 대표님 퇴직시 퇴직금 재원도 됩니다. 요즘 많은 CEO들이 가입하는 보험입니다."라고 거들었다. 그러자 대표님이 "아, 그래~그럼 어차피 할 거면 지금 바로 하지 뭐."

PT를 시작한지 10분도 안 되서 결과가 나왔다. 무수히 많이 준비한 내용이 무색할 정도로 결정이 빠르고 간단했다. 심장이 너무 심하

119

게 쿵쾅거려서 밖으로 들릴까봐 얼굴이 화끈거렸다. "대표님, 믿고 결정해주셔서 감사합니다."라고 말씀드리고 빛의 속도로 명판과 직인을 찍으며 계약을 체결했다. 2017년 마감을 2시간 남겨둔 시간이었다. 청약서를 들고 사무실까지 어떻게 갔는지 기억이 없다.

잊을 수 없는 연도 마감이었고, 보험영업 10년 중 가장 가슴 떨리는 순간이었다.

이후 대표님은 기업의 단체보험, 법인보험을 추가로 가입 하시면서 나에게 가장 큰 고객님이 되셨다.

> "목표를 명확하게 설정하면 그 목표는 신비한 힘을 발휘한다.
> 또 달성 시간을 정해놓고 매진하는 사람에게는
> 오히려 목표가 다가온다."
> – 폴 J. 마이어

세일즈의 처음과 끝
활 동

세일즈에서, 특히 보험영업에서 성공의 필수요소가 바로 출근하는 것이다. 나는 조회시간에 늦지 않고 참석하여 최신정보를 업데이트하고, 일정을 하나 더 만들어서 하루를 시작하고 있다. 그리하여 고객과의 약속은 반드시 오전에 잡는다는 원칙이 가능하게 된다.

보험설계사가 해야 하는 일은 설득력있게 '제안'하는 것 뿐이다. 그 이후에는 고객의 어떤 의사결정도 존중해야 한다. 결국, 보험상품의 판매는 보험설계사가 아니라 고객이 가입함으로써 이뤄지기 때문이다.

성공의 8할은 출근이다

나는 이런 상상을 자주한다. 아주 먼 미래에, 나이가 지긋해진 어느 날 인터뷰를 하는 장면이다. 기자가 나에게 "윤기주FP님, 정말 대단하십니다. 그런데 여기까지 오는데 가장 힘들었던 건 무엇이었습니까?" 라고 묻는다. 그럼 난, 단 1초의 고민도 없이 "새벽에 일어나는 거요!" 라고 답을 할 것이다.

나는 회기동에 있는 경희대부속 경희여중·고를 졸업했다. 학교와 집이 버스로 세 정거장 정도의 거리인데다가 학교가 경희대 캠퍼스 안쪽 깊숙이 자리 잡고 있어서 등교시간이 30~40분은 걸렸다. 늘 늦잠으로 어머니가 아무리 깨워도 못 일어나서, 택시를 타고 등교하는 날이 허다했다. 그래서 학교 친구들이 내가 엄청 부잣집 딸인줄 알았던 웃기고도 슬픈 사연도 있다.

나는 어렸을 때나 지금이나 아침에 일어나는 것이 고통이다. 잠을 잘 이기지 못하다보니 아침의 약속을 잘 지키지 못하는 경우가 많다. 예전에 부동산을 할 때는 손님이 이른 시간에는 오지 않으니 출근시간이 대략 10시쯤이어도 문제 없었다.

보험회사에서 세일즈를 하면서는 아침 시간이 정말 중요하다고 느꼈다. 금융상품을 파는 직업이다 보니, 반드시 알고 있어야 하는 금융지식도 많고, 금융환경의 변화에도 신경을 써야만 한다. 그리고 고객에게 내가 직접적으로 팔고 있는 금융상품의 특징에 대해서도 매번 신상품이 나올 때마다 정확하게 숙지해야 한다.

그런데 우리 보험세일즈는 엉덩이를 붙이고 책상에 앉아서 공부를 하다보면 고객을 만나는 시간이 줄어들고, 활동에 영향을 준다. 그래서 보험회사에서는 매일 아침 지점에서 지점장이 주관하는 '조회' 라는 것을 하는데, 그 조회 1시간 동안 우리가 꼭 알아야 하는 대부분의 정보를 습득할 수 있다. 게다가 중요한 내용 중심이니 그 1시간만 성실히 참여하고 집중한다면 우리가 일을 하는데 문제가 없다. 나는 그 조회시간 1시간이, 내가 고객을 만나기 위한 첫번째 필수 준비단계라고 생각한다. 그래서 조회시간에 불참하는 경우는 고객과 오찬행사가 있는 경우 말고는 없다. 나는 정리된 주요내용을 조회 때 집중해서 얻어내고 내 것으로 만든다. 그러면 굳이 따로 내가 시간을 내어 정보를 수집하거나 공부를 하지 않아도 꼭 필요한 정보는 늘 갖고 있을 수 있는 것이다.

그래서 난 나에게 가장 중요한 조회시간 100% 지각없는 참석을 위해, 아침에 다른 일정을 하나 더 만들어서 하루를 시작하고 있다.

난 매일 아침, 일어나자마자 5분 만에 집에서 나온다. 내 폰의 알람은 매일 5시로 되어있지만, 그 시간에 벌떡 일어나는 날은 많지 않다. 다음 알람은 10분 간격으로 세 번 반복한다. 이 네 가지 시간 중 하나에는 일어난다. 잠을 깨는 어느 시간이든 일어나면 바로 지난밤 준비해둔 출근 옷을 입고, 번개머리를 대충 빗질만 하고, 예의상 거울만 한번 보고 바로 집을 나선다. 그리고 도착하는 곳은 회사에서 차로 10분 거리의 휘트니스 센터이다. 잘 일어나서 나오면 6시, 늦어도 6시 30분 도착이다. 혼자 하는 운동에 늦든 말든 상관이 없고, 늦으면 내가 좋아하는 운동을 조금 밖에 못할 뿐 대세에는 지장이 없다. 지금까지 활동하는데 중요한 버팀목이 되어준 나의 엄청난 체력의 원천은 나를 깨워준 꾸준한 아침운동이다.

1시간 30분 정도 운동을 하고, 근무하는 교보타워 주차장에 도착하는 시간은 조회시간 10~20분 전으로 매일 같이 비슷하다. 그래서 난 잠 때문에 늦어서 조회를 참석 못하는 경우는 단 한번도 없다. 완벽한 하루의 시작이다.

"인생을 살아가는데는 오직 두 가지 방법밖에 없다.
하나는 아무것도 기적이 아닌 것처럼,
다른 하나는 모든 것이 기적인 것처럼 살아가는 것이다."

– 앨버트 아인슈타인

반드시 오전 약속

　나는 아침에 출근해서 조회를 마치고, 오전 10시나 늦어도 11시에는 사무실을 반드시 나온다는 원칙을 갖고 있다. 사무실에서 동료와 잠깐 수다를 하게 되면 어느덧 점심시간이 되고, 같이 점심을 먹게 되면 오후 2시가 되는 것은 정말 너무나 쉬운 일이다.

　내가 근무하는 강남은 하루 내내 교통이 막히는 곳이다. 2시에 사무실에서 나와서 하루에 두 사람을 만나고, 2~3시간 이야기를 한다는 것은 불가능한 일이다. 반드시 오전에 활동이 시작되어야 한다. 봐도 봐도 보고 싶은 아이들 셋을 두고 일터로 나왔는데, 하루를 보람차게 보내지 못하는 건 정말 속상한 일이다. 나에게 무엇보다 중요한 미션은 매일 고객을 만나는 것이다.

　그래서 하루에 두 사람과 보험이야기를 하기 위해서 내가 지키는 원칙 중 하나는, 동료와는 특별한 일이 있는 경우를 제외하고는 점심을 먹지 않는 것이다. 그래야 오전에 고객 한 분과 만나서 충분한 이야기를 나눌 수 있다. 상황이 되면 점심 식사까지 함께 하고, 10시에 만나서 2시에 헤어질때도 허다하다. 나는 내가 스스로 자제력이 부족한 사람이라는 것을 너무나 잘 알고 있다. 다음 약속이 없고 고객도 시간이 허락 된다면 아마도 저녁까지 이야기 나누는 게 문제가 없을 것이다. 그래서 나는 1~2시간 만나서 끝내고 다음 약속 장소로 이동하는 식의 타이트한 약속 계획을 잡지 않는다. 그러나 다음 약속은 반드시 있고, 그 다음 약속이 나를 그 장소에서 일어나게 하는 커다란 동력이기도 하다.

나는 점심 약속을 고객과 하지 않을 때에는 많은 FP가 그렇듯 혼자 식사를 한다. 나의 가족은 그런 내 모습을 보고 짠하게 생각할 때도 있는데, 나는 혼자 식사하는 나만의 시간을 매우 좋아한다. 시간적 여유가 있으면 주변 맛집을 검색해서 가는 경우도 있지만, 주로 차 안에서 여전히 가장 좋아하는 김밥이나, 샐러드, 감동란을 먹을 때가 많다. 강남교보타워에 나의 멋진 개인사무실이 있으나, 내가 가장 많은 일을 하는 곳은 나의 제2의 사무실인, 내가 "그랑이"로 명명하는 나의 애마 차 안이다. 차 안에서 혼자 점심을 먹으며 보내는 나만의 명상의 시간, 사색의 시간은 이제까지 나를 가장 크게 성장하는 시간이 되었다.
활동을 할 때 기본적으로 우리가 지켜야 하는 건 시간활용을 효율적으로 하는 것이다. 하루 24시간도 부족한 우리에게 시간을 얼마나 유용하게 활용하는가는 성과의 큰 영향을 미치게 된다. 어쩔 수 없는 중요한 미팅이 아니고는 가능한 나는 그 지역을 벗어나지 않고 활동을 한다. 마포를 가면 마포 고객들에게 쭉 TA를 하고 만날 수 있는 고객들을 만난다. 요즘같이 변화가 많고 만남을 꺼려하는 세상에 대면으로 고객을 만나서 오랜 시간 시간을 뺏는 건 반갑지 않은 손님으로 인식될 수도 있다. 고객은 각각의 성향과 관심사에 따라 이야기의 스타일과 주제가 다르다. 고객의 이야기를 잘 경청하면 나의 이야기도 거기에 맞춰서 재밌게 소통할 수 있다. 이렇게 여러번 만나서 고객과 이야기를 나누다 보면, 처음엔 보험설계사와 고객으로 만났지만 만나면 반가운 좋은 친구가 될 수도 있다.

"인간은 항상 시간이 모자란다고 불평을 하면서,
마치 시간이 무한정 있는 것처럼 행동한다."

– 세네카

공을 들이지 않는다

교보생명의 많은 조직장, 관리자들은 FP에게 Sit-Plan(앉아서 잡는 계획)을 잘 잡아야 한다는 것을 강조한다. 다음 주 다다음 주 고객약속을 꼭꼭 채워서 잡으라는 말이다.

그런데 우리가 반드시 만나기 위한 목적으로 전화를 하는 것은 고객에게 매우 부담스러운 일이다. 고객 마음 속엔 "윤기주 설계사가 보험 가입하라고 만나자고 하는 건 아닐까?"하는 이런 마음이 기본적으로 마음 속 깊은 곳에 자리 잡고 있는 경우가 많다. 우리가 가장 많이 배운, "고객님, 제가 ○○○○ 때문에 방문 드리려고 하는데, 다음 주 수요일이 좋으세요? 금요일이 좋으세요?"라는 질문은 정말 고객입장에서 황당한 이야기이다.

만나는 것 자체가 부담스럽고 반갑지 않은데, 수요일과 금요일 중에 고르라니 말이다.

꼭 만날 필요가 없다고 생각은 했지만 거절을 잘 못하는 고객이 만날 시간을 특정일로 잡아주었다고 하더라도, 전화로 약속한 부담스러운 설계사와의 시간 약속이 전혀 소중하지 않을 것이다. 그래서 우리가 잡은 많은 약속들이 변경되거나 깨지는 경우가 꽤 있다. 약속이 정해지면 설계사는 이미 계약이 50%이상 성사된 것처럼 마음이 들뜨고 기대감이 커진다. 이런 상황에서 고액 계약에 대한 가능성이 있는 고객이라면, 더 이상 설명이 필요 없을 정도로 기대치는 상승한다.

그러나 설계사에게는 너무나 중요한 약속이었지만 고객에게는 거절할 수 없어서 마지못해 잡은 약속인 경우가 많다. 그러다보니 약속 전날 전화를 했을 때 일이 생겨서 이번은 어려울 것 같다고 약속을 일방적으로 깨거나, 또는 전화가 안 되는 경우도 허다하다. 이럴 경우 보험설계사가 받게 되는 실망감은 말로 표현할 수 없을 정도로 크다. 다음 일에 대한 동기부여가 떨어져 그날 하루는 일을 하지 못하는 경우까지 종종 있다. 이런 경우 회복하는데 시간이 많이 걸린다. 따라서 약속을 잡는 데 너무나 많은 공을 들여 기대치를 높이는 것은 보험영업에 도움이 되지 않는다.

수원지역에서 보험금 청구건, 기계약 보장 안내든, 약속이 하나라도 잡히면, 다음 약속은 가볍게 수원에서 또 잡는다. "안녕하세요 고객님. 제가 지금 수원에 일정이 있어서 왔는데요, 혹시 지금 사무실 계시면 잠깐 들릴려고 하는데 어떠세요? 뵌지도 오래됐고, 안내드릴 것도 있고요~"

이렇게 가볍게 안부 전화 하듯 통화를 해서 만날 수 있으면 만나고, 아니면 그냥 다음을 기약하며 여운을 남기는 것으로 만족한다. 보험영업에는 고객을 직접 만나야 관계 형성을 강화하는데 도움이 되는 것은 분명하다. 하지만 우리의 만남을 여전히 부담스러워 하는 고객도 있고, 만날 필요성을 못 느끼는 고객도 있다. 이럴수록 우리는 고객의 마음이 열리고 준비가 될 때까지 기다릴 줄 알아야 한다. 꼭 만나지 못하더라고 전화든, 카톡이든, 소셜미디어든 우리가 고객과 소통할 수 있는 통로는 많이 있다.

우리 일은 제안하는 것이다. 누굴 만나서든 우리가 갖고 있는 정확하고 바른 보험 정보를 고객에게 전달하고, 고객의 니즈에 맞는 상품을 제안하는 일이다. 이 제안은 복잡하고 어려운 일이 아니다. 우리의 사명이고, 우리의 일이다. 보험설계사가 하는 일은 제안하는 것까지이다. 고객의 어떤 의사 결정도 우리는 존중해야 한다.

"보험상품은 보험설계사가 파는 것이 아니라
고객이 가입하는 것이다."

– 윤기주

활동 사례

2017년 10~11월은 평소보다 더 많은 활동을 했다. 연도 마감을 하기엔 너무 많은 업적을 남겨두고 있었고, 우리 일이 늘 그렇듯 보이는 건 아무것도 없었다. 오직 내가 할 수 있는 건 혹시나 내 손에 긁지 않은 복권을 쥐고 있는 건 아닐까 후회가 남지 않도록 만날 수 있는 사람은 다 만나보자였다.

그렇게 맘만 먹으면 만날 수 있는 대상 중 하나가 회사에서 부여된 소관 고객이었다. 많은 FP들이 "소관분석"이라는 명목으로 부여 받은 고객의 주소지나 직업, 나이, 가입한 보험을 중심으로 고객을 만나기 전에 나름의 평가를 하고 예측을 한다. 하지만 난 고객을 직접 만나서 이야기 해보지 않고는 절대 내가 판단하지 말아야 한다는 원칙을 갖고 있다. 그래서 멀어서 안가고, 직업이 별로라서 안가고, 가입하고 있는 보험료가 낮아서 안가는 일은 나에겐 없다.

우리 회사에 종신보험을 가입하고 있는 K고객은 주소지가 경기도 양주였다. 지역이 회사랑 멀긴 했지만, 기존 가입하신 내용에 대한 안내 차 방문 드리겠다고 했더니, "그럼 한번 오시죠."라는 답을 하셨다. 거리가 멀긴 했지만, 오지 말라고 하는 고객이 대부분인데 감사한 마음으로 다음날 바로 방문했다.

방문한 주소지는 가정집일줄 알았는데 어느 공장이었다. 40년 역사를 자랑하는 김 공장이었는데 아버님의 가업을 이어받아 아들이 운영하고 있었고, 내 소관고객으로 그 아들이 배정이 된 것이었다. 큰 공장을 보니, 내심 마감을 하는데 도움이 될 수도 있겠다는 기대감이 생겼다.

그런데 약속을 하고 만난 K고객은 만나서 한 시간을 보험 관련 불만을 토로했다. "이런 보험을 원했던 게 아니다. 가입 후 담당자의 얼굴을 본 적도 없다. 내다가 보험료가 너무 터무니없다고 생각해서 감액처리까지 했다." 등등 회사에 대한, FP에 대한, 상품에 대한 불만을 나에게 더 쏟아 부으셨다.

나는 조용히 집중해서 들으며 메모했다. 그리고 "고객님 그간 불편하셨을 텐데 회사를 대신해서 제가 사과의 말씀 드린다. 제가 유지 중이신 보험 관련해서 다시 안내드리고 챙겨야 하는 내용 빠짐없이 챙겨드리겠다." 하고 유지 중인 보험의 장, 단점에 대해 다시 안내를 드렸다.

"가장이기 때문에 반드시 필요하고 중요한 보장내용입니다. 앞으로 잘 유지하면 반드시 고객님께 도움이 될 보험입니다. 새롭게 더 추가로 하실 계획은 없으시더라도 기존에 이미 가입한 보험을 해약하시는 건 고객님만 손해십니다. 그리고 고객님, 제가 한눈에 보기에도 아주 건강해 보이시고, 흡연도 안하신다니, 혈압만 정상범위시면 건강체할인이라는 서비스를 받으실 수 있습니다. 그럼 심사만 통과하시면 기납입하신 보험료에 대해서도 소급할인이 가능하셔서 내신 보험료 중 일부를 환급 받을 수 있습니다."

그 고객은 나의 이야기를 들으시고, "그런 게 있는지 몰랐네요, 그럼 우리 아내도 같은 보험이 있는데 같이 확인 좀 해주세요."라고 말씀해 주셨다. 이후 다른 FP가 담당하고 있는 배우자 보험을 내게로 담당자 변경 해드리고 보험 내용을 보니, 배우자는 우리 회사에 종신 10억이 가입되어 있었다. 건강체 할인 안내를 해드렸고, 두 분 다 검진을 통해 건강체 심사에 통과되었다. 각각 할인 받은 금액이 80만 원, 190만 원이었다.

K고객은 매우 고마워하셨고, 부모님 두 분의 보장분석까지 나에게

부탁했다.

　내 기대와는 달리 연도마감의 성과로는 이어내지 못했지만, 그 다음해 아버님의 일시납 종신 5억, 어머님의 종신보험 3억, 그리고 그 회사의 단체보험까지 체결하였다.

> "고객을 만나보지 않고 판단하는 것은
> 영업에서 절대 해서는 안 되는 일이다."
>
> － 윤기주

3

저 여기 있습니다!
고객 섬김

보험의 특성상, 보험 세일즈는 내가 판 물건을 고객이 사게 되면 그때부터 관계가 시작되어 짧으면 10년, 길면 20년 30년 100년을 고객과 연결이 되어 있다. 그렇게 연결된 고객이 100명 200명이 되고 1,000명이 된다고 생각해보자. 갈수록 많아지는 고객을 이 긴 시간, 우리는 어떻게 지키고 섬길 것인가!

보험금청구서비스

　고객이 보험을 가입하는 이유는 보험회사에 보험료를 내기 위해서가 아니다. 고객이 역경에 처했을 때 그 역경으로 인해 겪게 되는 경제적 손실을 보험으로 충당하기 위함이다.

　그래서 고객서비스에서 가장 중요한 건, 고객이 가입한 보험의 보장내용을 잘 숙지하고 고객이 역경에 처했을 때 놓치지 않고 경제적 보상을 챙겨드리는 것이다. 고객에게 자주 방문하고, 선물을 보내고 하는 것들은 매우 부수적인 일들이다. 우리가 하늘이 두 쪽이 나도 반드시 챙겨야 하는 것은 고객의 다른 어떤 서비스보다 우선해서 "보험금청구서비스"이다.

　인터넷 시스템이 워낙 잘 되어 있고, 고객 프라자 안내시스템이 잘 구축되어 있어, 젊은 고객이나 프라이빗한 성향의 고객들은 본인들이 더 선호하는 직접 처리하는 시스템을 쓰는 분들도 많이 있다. 하지만, 가입할 때 고객은 나 윤기주FP라는 사람을 보고 가입을 했고, 기계보다 직접적인 사람의 관리를 원하는 고객이 훨씬 많다.

어떤 기계나 어떤 프라자 직원도, 나처럼 고객의 안부를 묻고 고객의 감정을 읽어주며 응대해줄 수는 없다. 고객에게 가장 편안한 업무처리자는 본인들의 히스토리를 잘 알고 업무처리를 해줄 사람이다.

나도 10년이라는 시간동안 매주 2W를 하면서 보험영업을 했으니, 고객수가 상당하다. 어느 고객 한 분도 소중하지 않은 분이 없다. 그렇다면 이렇게 많은 고객의 보험금청구서비스를 어떻게 할 것인가?

그래서 난 5년 전부터, 보험금청구서비스만 전담하는 업무지원 파트너를 두고 있다. 파트너를 통해 고객의 교보생명 보험금청구서비스를 기본적으로 처리하고 있고, VIP인 경우 타사보험금청구까지 서비스로 제공해 드리고 있다. 고객을 만나면 종종 보험금청구 잘 도와줘서 고맙다며 빵이며 영화티켓을 파트너에게 전달해달라는 분들도 있다.

"보험은 가입보다 그 이후의 관리가 더 중요하다."

– 윤기주

선물 vs 뇌물

보험회사의 지점을 가보면, FP들 책상이나 주변에 일명 봉사품 또는 택배물품이 넘쳐난다. 고객에게 활용하기 위해서 본인이 직접 구입하는 경우도 있고, 실적에 따라 지점에서 지원을 받는 경우도 있다.

나는 "봉사품에 이자 안 붙는다, 하루라도 빨리 고객에게 보내드리자."라는 생각이다. 그래서 엄청나게 많은 봉사품을 구매하기도 하고 지원받기도 하지만, 내 주변에 1주일 이상을 머무르는 경우는 거의 없다.

그런데, 이 봉사품을 어떻게 쓸 것인가? 고객에게 선물로 드릴 것인가, 아니면 뇌물로 드릴 것인가!

나는 모든 봉사품은 고객에게 오직 "선물"의 의미 말고 그 이상의 어떤 의미도 부여해서는 안 된다고 생각한다. 많은 관리자들이 봉사품을 지원하면서 다음 주 만날 고객에게 미리 보내라든가 또는 계약할 고객에게 보내라는 등으로 향후 보험계약 가능성을 담아 보내기를 강조하는 경우가 있다. 하지만, 우리가 대단히 가치가 높은 황금을 보내는 것도 아니고 일상에서 사용하는 소소한 것들을 보내면서 그런 욕심을 담는 것을 고객이 안다면 좋아할까? 우리 아이 학습지를 선택하기 위해 몇 군데를 비교하는데 아직 결정도 안한 상황에 나에게 그 선생님이 뭐든 보낸다면 난 그게 반가울까? 부담스럽고 불편할 것이다. 고객도 나와 같이 아주 평범한 주부인 경우가 많은데, 봉사품으로 부담을 주기 보다는 관계형성에 도움이 되는 정도의 기대만을 가지고 작은 선물이라고 생각하면서 보내는 것이 나는 일상화 되어 있다.

나는 내가 보내는 어떤 것에도 고객에게 감사한 마음, 고객을 좋아하는 마음만을 담아서 보내고 있다. 그냥 고객님 생각이 나서, 고객님이 좋아하실 것 같아서~ 보내는 것이지 다른 의미를 부여하지 않으려고 노력한다. 물론 나도 사람인지라 계약에 대한 욕심이 없지는 않지만, 적어도 고객에게 작은 선물을 보내면서 뇌물이 되기를 바라지는 않는다. 그래서 단지 취향과 성향의 차이만 있을 뿐, 5만 원 치매보험에 가입한 고객이든, 500만 원 종신보험에 가입한 고객이든 내가 드리는 선물은 크게 다르지는 않다.

"어디를 가든지 마음을 다해 가라." - 공자

서프라이즈! 이벤트!

나는 보험금 청구서비스부터 작은 봉사품을 보내거나, 회사에서 주관하는 문화, 예술행사에 초청하는 것까지 고객과 소통을 하지 않고 제공하는 경우는 없다. 보험영업은 앞에서 언급했듯이 물건을 파는 것이 아니라 신뢰를 파는 것이다. 사람과의 관계에서 신뢰는 아무 것도 하지 않는데 자라나지 않는다. 고객서비스는 고객과 소통을 통해 관계를 형성하는데 정말 좋은 기회이다. 이 기회를 활용하지 않고 하는 서비스는 서비스가 아니라 고객에게 무거운 짐을 지워드리는 것이다.

지점에서 이 달은 감자를 봉사품으로 정하고 30박스 지원을 받았다고 가정해 보자. 고객 30명 리스트를 뽑아서 그냥 쭉 보내는 일은 나에겐 없다. "어 윤기주가 감자 보냈네." 이상의 의미를 얻을 수 없다. 또한 내가 가장 소중하게 생각하는 고객과의 관계형성에 도움이 되질 않는다. 나는 감자 한 박스로 어느 고객과 더 깊은 관계를 만들 수 있는가에 대한 고민부터 시작한다.

만약에 30박스 감자가 있으면, 그 감자를 맛있게 요리해서 먹을 수 있는 주부고객 30명에게 문자를 보낸다. "강원도 햇감자 보내드리겠습니다! 원하시면 말씀주세요!" 이렇게 30명에게 문자를 보내면, 거의 99%의 고객들에게서 받고 싶다고 답장이 온다.

내가 고객이 좋아할 것으로 예측하고 보내는 선물이 고객의 해외출장이나 휴가로, 집 앞에서 며칠씩 주인을 기다릴 수도 있다, 그리고 잦은 주소변동으로 잘못된 곳으로 갈 수도 있다. 그래서 나는 고객에게 감자를 원하는지 묻는 문자를 보내고, 답장이 오면 다시 주소지를 확인하고 감자를 보낸다. 그러면, 고객은 원하는 감자를 받는 것이고, 나는 고객님과 소통을 통해 작은 관계지만 향후 큰 관계형성을 위해 조금씩 조금씩 다가가게 된다.

"인간에게 가장 중요한 능력은 자기 표현력이며,
현대의 경영이나 관리는 커뮤니케이션에 의해 좌우된다."
– 피터 드러커

카톡 사진

보험영업의 특성상 이 일을 했다가 그만 둔 사례를 고객들은 이미 많이 경험했다. 고객은 내가 선택한 내 보험 담당자가 계속 이 일을 하면서 본인들이 가입한 보험을 잘 관리해주길 바란다. 그렇다고 고객에게 매번 "저 교보생명에서 설계사로 여전히 열심히 하고 있어요!" 이렇게 이야기를 할 수는 없다.

그래서 영업하는 많은 사람들이 페이스북, 인스타그램, 카카오스토리 등등 여러 SNS를 통해서 본인들의 근황을 알리기 위해 활동을 한다. 내가 전달하고자 하는 상대로만 그룹이 설정되어 있다면 이런 활동들은 매우 효과적이다. 보험세일즈를 한다고 해서 모든 사람과 인연을 맺고 관계를 지키며 살기는 쉽지 않다. 나도 일을 떠나 가족이 있고 사생활이 있으며, 고객 역시 나를 고객과 설계사 이상으로 인연을 가져 가는게 부담스러울 수 있다. 어느 관계이든 일정한 선을 유지하는 게 고객과 나에게 모두 중요하다. 조금은 건조한듯하나 그렇게 지켜지는 선들로 인해 고객과의 관계가 더 오래 잘 지켜질 수 있다.

10년동안 이 일을 하면서 페이스북을 열심히 8~9년 정도 했었다. 페이스북 특성상 개인적인 교류가 훨씬 더 많은 소통의 공간이다 보니, 새로운 사람을 그룹핑해서 늘리는게 쉽지가 않았다. 그렇다고 영업을 위한 페이스북을 따로 운영하는 것도 하나의 일이 되는 것이기도 하고, 편안한 나의 인터넷 공간에서조차 일로 연결되는 게 불편했다. 그래서 최근에 페이스북을 통한 활동은 중지하고, 카카오톡 사진으로 고객과 소통하는 방법을 선택했다.

카카오톡의 대화 사진은 내게 전화번호가 등록된 모든 사람과, 내 전화번호를 저장한 모든 사람이 볼 수 있다. 사진 하나로 메시지를 전달해야 한다는 한계는 있으나, 충분히 나를 아는 고객들과 소통이 가능하다. 그리고 나를 모르는 사람이나 나를 아직 만나기 전 고객이 내 카톡에 들어왔을 때, 이 사람은 어떤 사람이고 어떤 일을 하는 사람인지를 바로 인지할 수 있도록 내 정보를 담아서 사진을 올리기 위해서 노력하고 있다. 지금까지는 내 목적에 맞게 성공적인 소통의 장이 되었다고 생각한다.

고객들에게 보험설계사로서의 윤기주를 알리는 데에도 부족한 공간이라, 세상에서 가장 예쁜 두 딸과 아들을 한 번도 카카오톡 사진에 올린 적이 없다. 카톡에서는 철저하게 보험설계사 윤기주로 살아가고 있다.

"진심을 다하면 내가 변하고,
내가 변하면 모든게 변한다."
– 선덕여왕

1순위 파트너

나는 지난 10년을 일해 온 것처럼 앞으로 10년, 20년 아니 늙어서도 교보생명에서 "윤기주 FP님, 이제 그만 나오세요~" 할 때까지 이 일을 하고 있을 것이다. 보험세일즈는 할 일이 정말 너무나도 많다. 끊임없이 배우고 공부해야 하는 직업이라 정보를 꾸준히 습득해야 하고, 나를 만나는 모든 고객에게 정확한 보험정보를 전달해야 하고, 고객에게 필요한 제안을 하고, 계약도 체결해야 한다. 그런데 그보다 가장 우선되어야 하는 건 기존 고객에 대한 서비스이다.

나는 현재 고객이 700명 정도인데 하루에 청구하는 고객의 보험금청구 건수는 적게는 3건에서 많게는 10건 정도이다. 그리고 봉사품을 매일 10개 이상을 보내고 있다. 어떤 날은 종일 봉사품

수백 개를 보내야 할 때도 있다. 그런데 이런 작업을 내가 다 한다면 난 일주일 내내 사무실 밖을 나오지도 못하고 고객서비스만을 해야 할 것이다.

도저히 혼자서는 감당할 수 없는 업무량이다. 그래서 난 나를 도와주는 파트너와 5년 전부터 함께 일을 하고 있다. 파트너는 두 사람을 두고 있다. 한 파트너는 내가 세일즈를 하는데 필요한 사무 업무를 전담하고 있고, 다른 파트너는 고객관리를 전담하고 있다.

스타벅스의 신화를 이룬 하워드 슐츠는 늘 직원들에게 "나에게 고객은 2순위다! 1순위는 바로 당신들 스타벅스의 직원이다."라고 이야기했다.

오늘날 성공한 기업을 면밀히 들여다보면, 공통점이 발견된다. 바로 기업의 경영철학에 철저하게 녹아져 있는 가치 1순위로 직원을 존중하고 사랑하는 것이다.

나 역시 고객보다 더 중요한 1순위는 나의 파트너들이다. 이들이 나의 일을 어떤 마음으로 하느냐에 따라 내가 고객과 한 약속을 지킬 수 없을 수도 있고, 정확하고 신속한 서비스를 통해 고객의 만족도를 높일 수도 있다. 나에게 가장 소중한 고객에게 만족을 주기 위해서는 내 파트너가 만족해야 한다. 그렇지 못한다면 나는 고객에게 만족을 줄 수 없어 이 일에서 지속적인 성과를 낼 수 없을 것이다. 그래서 나의 파트너들이 본인들의 업무가 단순히 나를 돕는 것으로 끝나지 않도록 신경쓰고 있다. 본인들의 인생과 비전이 연결되어 있을 수 있도록 끊임없이 동기부여하고, 그들을 먼저 만족시키기 위해 노력하고 있다.

지난 5년을 돌아보면, 내 성공 뒤에는 나의 파트너가 있었다. 내가 다 커버할 수 없는 고객서비스를 완벽하게 책임져주면서 고객의 만족도는 더욱 높아졌다. 그리고 고객을 내가 잘 케어하고 있다는 생각에 더 자신있게 고객을 만날 수 있었다.

누구보다도 가까이에서 나를 지켜봐주고 응원해주는, 나를 가장 잘 헤아려준 나의 파트너와 나는 최고 단단한 보험세일즈 팀으로 앞으로도 동반성장할 것이다.

고객관리 사례

2019년 1월 소관고객에게 전화를 드렸다. "안녕하세요? 고객님, 교보생명에 월 보험료 8만 원의 암보험을 유지 중이신데요, 이 보험은 이후에 고객님과 배우자님이 함께 보장받는 보험입니다. 알고 계시죠? 몇 세까지 보장받고, 보장금액은 어떻게 되는지 자세한 내용은 만나서 안내드리면 도움이 되실 텐데 고객님 언제 시간이 되실까요?" 고객은 바로 " 아∼ 윤기주 씨, 진짜 연락을 많이 하시네요∼ 그래요 한번 얼굴이나 봅시다! 내가 운동하는 ○○○센터에서 내일 오전에 봅시다."

소관으로 배정된 지 수년이 되었지만, 전화 연결이 잘 안되고 늘 바쁘셔서 통화를 길게 해본 적이 없는 고객이다. 그래서 난 주로 문자를 보내거나, 좋은 책자를 보내면서 지속적인 고객관리를 해왔다. 이번에도 늘 그렇듯 전화를 드렸는데 받으셨고, 한 번도 나를 본적 없는 고객은 마치 나를 아는 듯 "교보생명 윤기주"를 인지하고 있었다.

운동센터 1층 커피숍에서 만난 고객은 아주 고우신 60대 중반의 사모님이었다. 함께 운동하는 친구 분도 같이 나오셨다. 나는 교보생명에 유지 중인 보험에 대해 상세히 고객의 눈높이에서 안내를 드렸다. "고객님, 이 보험은 정말 좋은 보험입니다. 보장금액도 크고, 고객님뿐 아니라 배우자님까지 보장되시니 보험료는 한번 내시는데 보험은 두개 가입한 거나 다름없습니다." 고객님은 " 그때 친구가 교보생명 입사해서 하나 해달라고 해서 뭔지도 모르고 했는데 좋은 보험이라니 다행이네요, 내가 보험이 좀 많아요. 삼성생명에도 친구가 있어서 거기에도 보험이 좀 많고, 아이들 보험도 많아요. 혹시 모레 시간이 되면 우리 집에 와줄 수 있나요?"

이틀 후 아침에 나는 고객님 댁을 방문했다. 오전 10시 방문인데, 고객님은 큰 접시에 홍시반쪽, 고구마반쪽, 견과류 여러 종류를 예쁘게 셋팅하고서 나를 기다리고 계셨다. 그 접시에 담긴 정성스런 음식으로 고객님의 성품을 파악할 수 있었다.

고객님과 이런 저런 이야기를 나눈 후, 고객님은 준비해두신 증권을 보여주셨다. 그런데 증권이 20개가 넘어서 그 자리에서 바로 안내를 드리기엔 어려움이 있었다.

"고객님, 보험이 많다고 하셨지만, 이렇게 많을 줄 몰랐습니다. 제가 전체 내용을 정리해서 설명 드리면 앞으로 관리하시기 편하실 텐데, 증권을 가져가서 정리해도 될까요?" 고객은 "아, 그래주면 나야 좋지요."

증권을 쇼핑백 2개에 다 담아서 사무실로 왔다. 당시만 해도 보장분석 시스템이 완벽히 안 되는 때라 일일이 수작업으로 입력해서 보장분석을 했다. 그리고 고객님의 연령을 감안해서 엑셀로 한눈에 보기 쉽게 한 장으로도 따로 정리를 했다.

그렇게 4인 가족의 보험을 다 정리했는데 전체 보험이 22건이었다. 고객님과 외국에 있는 두 딸의 보장성 보험이 대부분이었고, 배우자의 보험은 연금 말고는 없었다. 증권을 가족별로 정리해서 파일 4개로 줄여드리고, 전체 보험을 보기 쉽게 한 장으로 정리해서 설명을 드렸다. 고객님이 정말 좋아하시며 만족해하셨다. "이제까지 이렇게 잘 정리해서 설명을 해주는 사람이 없었는데, 윤기주 씨가 설명을 쉽게 잘 해주니 귀에 쏙 들어오고 쉽게 이해가 되네요. 고마워요."

"고객님, 전체 보험이 많이 가입되어 있으시고, 잘 되어 있으셔서 가입된 보험에 대해 특별히 따로 안내드릴 내용은 없습니다. 그런데, 반드시 가입하셔야 하는 배우자님의 보장성 보험은 가입하신 게 하나도 없으셔서 그건 좀 아쉽습니다."

"아 네 우리 남편이 절대 보험 가입을 안 해요, 내가 윤기주 씨 만나게 해줄 테니 한번 설득해 볼래요?" 하셨다. "네! 사모님 만날 수 있게만 해주시면 제가 안내드려 보겠습니다!" 했다.

사모님은 배우자분의 요즘 최대 관심사가 미국 영주권 관련 세금을 궁금해한다며 팁을 주셨고, 난 재무설계센터에서 미국 영주권에 대해서 잘 알고 계신다는 팀장님과 상담 약속을 잡았다. 상담을 하는 날, 고객님이 배우자 분을 모시고 재무설계센터로 오셨고, 당시 재무설계센터 팀장님도 같이 만나 상담을 할 수 있었다.

상담을 한 시간 정도 하는데 배우자님은 궁금해하시는 것에 대해서 정확한 정보를 얻으셨다고 만족하셨고, 고객님은 바로 "윤기주 씨, 우리 남편이 상담에 만족해 하니, 보험 이야기 한번 해보세요~"하며 기회를 주셨다.

나는 종신보험에 대해 안내를 드렸고, 사모님께서 보험료를 내기에 충분한 소득이 있는 상태여서 계약자를 사모님, 피보험자를 배우자, 수익자를 사모님으로 종신보험 5억을 체결했다.

정말 마음이 따듯하시고 늘 주변을 세심히 챙기시는 이렇게 좋은분과 인연이 되어 , 고객의 삶을 가까운 곳에서 보고 배울 수 있다는건 정말 감사한 일이다.

"탁월한 능력은 새로운 과제를 만날 때마다
스스로 발전하고 드러낸다."
– 발타사르 그라시안

제 **4** 장

세일즈는 결국,
신뢰를 파는 것!

사람과 사람 사이에는 아주 작은 차이가 존재한다.
그러나 이 작은 차이가 엄청난 격차를 만들어낸다.
여기서 작은 차이는 '마음가짐이 적극적인가, 소극적인가'이고
엄청난 격차는 '성공하느냐, 실패하느냐'이다.

– 나폴레온 힐

생명보험을 판다는 것

세계적인 미래학자로 손꼽히는 다이엘 핑크는 〈To Sell is Human(파는 것이 인간이다.)〉에서 "사람의 마음을 움직이는 모든 일이 세일즈다."라고 정의하고 있다. 생명보험을 파는 것을 다니엘 핑크보다 더 잘 정의할 수는 없을 것이다. 세상에서 파는 모든 것은 실체가 존재하고 고객은 그 구매한 물건을 매일 또는 가끔이라도 보면서 만족감을 느끼는 경우가 많다. 아주 가끔 실체가 없는 것들도 존재하지만 대부분의 경우는 실체가 있다.

자동차는 인간이 사는 것 중에 가장 고가의 물건일 것이다. 그래서 많은 사람들이 자동차를 구입할 때 사전에 조사를 많이 하고 사는 경우가 대부분이다. 평범한 사람들이 사는 자동차의 경우 비싸야 5,000만 원 정도일 것이다. 고가의 자동차를 구매한 후 항상 출퇴근 시 이용하면서 자신의 자동차에 대해 만족감을 느끼며 살아간다.

그러나 보험은 실체가 보이지 않는 무형의 상품이다. 물론 다른 금융상품들도 실체가 없는 경우가 많긴 하다. 예금이나 적금의 경우도 실체는 없다. 그래도 은행에서 통장이라도 제공하고, 매달 통장에 기장을 하면 금액이 늘어나는 것을 느낄 수 있다. 하지만 보험은 가입하고 한 달 후에 보험회사에 찾아가서 내가 불입한 보험료에 대해 문의하면, 고객이 찾을 수 있는 돈은 하나도 없을 것이다. 보험 상품에 따라 다르지만 거의 많은 보장성 보험의 경우 가입하고 몇 년 동안 고객이 찾을 수 있는 돈은 거의 없을 것이다. 그럼에도 불구하고 보험상품의 가치는 고가의 자동차를 뛰어 넘는 경우가 허다하다.

이런 생명보험을 왜 가입하는 것인가? 미래에 대한 불안한 마음을 없애기 위해 고객은 현재의 자금을 희생하는 것이다. 그럼 몇 년동안은 찾을 수도 없는 돈을 불입하는 보험을 왜 파는 것인가?

내가 생각하는 보험은 실체를 파는 것이 아니라, 세일즈 하는 사람의 신뢰를 파는 것이다. 그리고 미래에 닥칠지 모르는 위험을 보험회사에 떠넘기고, 고객은 현재의 삶에 충실할 수 있게 되는 것이다. 보험 세일즈를 하는 설계사를 선택할 때 고객들은 보험회사를 보고 판단하기에 앞서 보험 설계사에게 더 많은 비중을 두는 경우가 많다. 그럼 내가 파는 신뢰에 대해 고객은 어떻게 판단을 할 것인가?

내가 판 종신보험 사망보험금 1억 원, 20년 납, 보험료 30만 원 짜리 상품의 경우, 고객이 지불해야 하는 금액은 7,200만 원이다. 고가의 자동차보다 더 비싼 것이 확실하다. 그러나 고객은 첫 보험료를 지급하는 순간, 사망의 원인과 관계없이 가족에게 1억 원의 안전 자산을 남기는 것이다. 드문 일이지만 딱 한번 30만 원을 납입하고 가족에게 1억 원의 자금을 남긴 경우도 있다. 어떻게 이런 일이 가능한 것인가? 그게 보험 상품의 특징이다. 계약 관계가 성립되고 나면 고객은 보험가입금액을 계약체결 순간 확보하는 것이고, 보험회사는 약속한 자금을 지급하기 위해서 20년간 보험료를 받아 투자해서 자금을 확보하는 것이다.

이런 보험의 특징으로 인해 설계사를 까다롭게 선택하는 고객이 많다. 고객이 설계사를 선택할 때 까다로울수록, 그 고객은 현명한 고객이다. 한 번 성립된 고객과 설계사의 관계는 설계사가 큰 실수를 하지 않는 한 깨지는 경우가 거의 없다. 따라서 고객은 설계사를 선택할 때 겉모습도 봐야 하고, 지식적인 부분, 성품, 성실함 등등 거의 배우자를 찾는 기준으로 설계사를 선택해야 한다.

좋은 보험 vs 나쁜 보험

세상에 좋은 보험, 나쁜 보험은 없다. 각자의 상황에 맞는 보험이냐 맞지 않는 보험이냐만 존재한다. 그러나 많은 고객들은 자신에게 맞는 보험을 가입하고도, 다른 데서 나쁜 이야기만 듣고는 내가 가입한 보험은 나쁜 보험이라고 이야기 하는 경우가 많다.

요즘은 TV 채널이 많아지면서 채널을 돌리다 보면 보험이야기를 하는 경우가 많이 있다. 다른 어떤 금융상품도 다루지 않으면서도 유독 보험에 대해서는 감놔라 배놔라 조언을 하는 사람들이 많다. 그 이유는 그 만큼 보험을 가입한 사람들이 많기 때문이다.

많은 분들이 반갑지 않은 보험안내 전화를 받아본 경험이 있을 것이다. 모르는 전화번호를 통해 통신사나 홈쇼핑과 연계된 보험안내 관련 전화를 많이 받게 되는데, 반가운 전화는 아닐 것이다.

특히 보험안내 전화를 바로 끊지 못하고 이야기를 한번 듣기 시작하면, 걱정도 되고 필요한 것도 같아서 하나 둘 가입하게 된다. 그리하여 나도 모르는 사이에 온 가족 보험료가 수십만 원이 넘어가는 경우가 많이 있다.

이것은 좋은 보험이고 저것은 나쁜 보험이라고 딱 잘라서 이야기하기는 쉽지 않다. 하지만 분명한 것은 나에게 적절한 혜택을 주는 것은 좋은 보험이 되고, 아무 혜택도 주지 못하는 것은 나쁜 보험이라고 생각하면 된다.

보장성보험으로 종신보험, 암보험, 건강보험, 치매보험, 치아보험, 실손보험 등 국내에 등록된 22개 생명보험사와 16개 손해보험사가 판매하는 상품들은 그 수를 헤아릴 수 없을 정도로 많다.

이렇게 많은 종류의 보험에 대해 독자 여러분이 스스로 판단할 수 있도록 보장성보험의 바른 선택 기준을 안내드리겠다.

① 종신보험의 주 목적은 사망보장이다.

간혹, 종신보험을 가입하면서 최저보증이율과 해약환급률에 집중하거나, 연금전환이나 생활자금옵션 등을 가입기준으로 하는 경우가 있다. 하지만, 종신보험 가입의 주목적은 "사망보장"에 있다는 것을 명심해야 한다. 높은 적립금과 유용한 기능은 고객이 종신 보험을 가입하는데 상품의 주요정보로 확인하는 것은 맞으나, 그 내용이 가입의 기준이 되어서는 안된다.

종신보험을 가입할 때는 해당 상품의 예정이율이 높아서 내가 내는 보험료가 저렴한 상품을 선택하는 것이 유리하다. 저금리시장의 지속으로 예정이율은 갈수록 낮아지는 추세이다. 종신보험 가입 계획이 있다면 하루라도 빨리 가입해야 내가 내는 보험료를 최대한 낮출 수 있다.

그리고 보험가입시 반드시 유의할 점은 보험료는 내가 어떤 상황에도 감당할 수 있는 금액으로 책정해야 한다. 아무리 좋은 보험을 가입하였다 하더라도 보험료 납입이 어려워 유지를 못한다면 보험을 가입한 애초의 목적을 상실하게 된다.

그리고 사망시 필요한 자금이 얼마인지 잘 고려하여 상품을 선택해야 한다. 만약에 종신보험의 보험료가 너무 비싸서 내가 원하는 적정한 사망보험금을 확보할 수 없을 시, 일정 기간만 보장해 주는 정기보험으로 사망보험금을 준비하는 것도 대안이 될 수 있다.

종신보험이 반드시 필요한 사람은 가정의 주 소득원인 가장이다.

가장이 갑작스런 사고나 질병으로 사망하는 경우 발생하는 남겨진 가족의 경제적 미래 역경(생활비, 교육비, 대출 등)을 대비해서 "사망시 몇억 원"이 지급되는 종신보험을 가입하는 것은 필수이다.

또 자산가 고객 본인의 종신보험을 미리 본인 또는 자녀명의로 가입하는 것이 절세는 물론, 상속세 재원 마련으로 유용하게 활용된다. 이는 절세를 위해 국세청에서도 추천하는 플랜이다.

② 보장성 보험의 가장 중요한 가입기준은 미래의 감당하기 어려운 역경에 대비하는 것이다.

보험설계사들은 보험에 대한 나름의 철학들을 가지고 있다. 각자가 생각하는 철학과 가치 기준에 따라 고객에게 제안하는 보험의 설계 내용이 달라진다. 나는 고객이 보험을 가입하는 가장 중요한 목적은 혼자의 힘으로는 감당할 수 없는 위험에 대비하기 위함이여야 한다고 생각한다. 그래서 가장 우선적으로 준비해야 하는 것은 큰 위험에 대한 대비이다.

우리가 팔이 부러져서 수술을 하고 깁스를 한다고 해서 인생에 엄청난 역경이라고 생각하지 않는다. 치료비가 몇천 만 원이 드는 것도 아니고, 몇 년을 누워 있어야 하는 질병도 아니다. 누구에게든 일어날 수 있는 조금 불편한 일일 뿐이다.

하지만, 우리가 암에 걸린다든가, 뇌출혈, 뇌경색, 또는 심근경색으로 쓰러져서 장기적인 치료를 해야 하는 상황이라면 우리는 인생의 큰 위기를 맞이하게 된다. 우리는 치료비로 많은 비용을 부담해야 하고, 오랜 시간 치료를 해야 하며, 더 이상의 경제활동은 할 수가 없게 된다.

이러한 크고 위험한 질병은 우리 인생의 목표와 꿈을 하루 아침에 망가뜨릴 수 있다. 그래서 우리는 예기치 못한 질병이나 사고로 인해 나의 삶을 지키기 위해 보험을 가입하는 것이다.

큰 위험에 잘 대비해서 보험 가입이 되었다면, 그 다음의 작은 질병이나 작은 치료비에 대비한 보험 가입을 하는 것이 올바르게 보험을 가입하는 것이다.

③ 광범위한 보장내용 또는 다양한 특약 위주로 구성된 보험을 선택하는 것이 유리하다.

보험을 처음 가입하거나, 기존에 가입한 보험을 다시 점검할 때 반드시 눈여겨봐야 할 부분은 보장내용과 범위이다. 보장이 보편적이며 광범위한지, 특정 한 분야에 집중되어 있거나 협소한지를 꼭 확인해 보는 것이 중요하다. 최근 보험 트렌드는 생명보험도 화재보험처럼 다양한 특약으로 많은 보장을 할 수 있는 상품을 출시하고 있다. 따라서 화재보험사와 생명보험사가 건강보험 시장에서 치열한 경쟁을 하고 있다. 소비자에게는 좋은 일이다. 그래서 특히 건강보험은 설계사를 잘 만나는 것이 무엇보다 더 중요하다. 소비자가 직접 자신이 원하는 상품을 조합할 수 없을 정도로 상품이 복잡해져 상품 선택 시 전문가의 도움을 받아야 한다.

④ 보험료는 월 소득의 10%?, 납입기간은 경제활동 가능 나이까지!

가입하는 보장성보험의 월 보험료 총액이 월 소득의 10%수준을 유지하는 것이 좋은 전략이긴 하다. 하지만 개인의 사정에 따라 보험 선택 기준이 완전히 다르기 때문에 보험료를 소득의 몇%를 지불해야 하는 원칙은 정해져 있지 않다. 개인의 재정상황과 필요에 맞게 적절한 보험의 비중을 정하면 된다. 고객을 만나보면 연금과 같은 저축성 보험을 순수보장성 보험으로 착각하여 보험료를 많이 내고 있어서 더는 가입이 어렵다고 이야기하는 경우가 있다. 저축성 보험은 저축이지 순수 보장성 보험료 납입처럼 비용으로 간주해서는 안 됨을 숙지해야 할 것이다.

보장성 보험 역시 금융상품이므로 경제적인 측면을 항상 고려해야 한다. 비용을 최소화하고, 효율을 높이는 것이 최선이다.

또한 보장성 보험을 가입할 때 보험료를 줄이기 위해서 갱신보험을 선택하는 경우가 많은데, 특정 보험들은 보험이 진정으로 필요한 시기에 보험료가 비싸서 갱신을 할 수 없는 경우가 발생할 수도 있다. 갱신보험을 가입할 때는 보험설계사와 충분히 상의하고 자신의 상황을 고려해서 가입해야 한다.

퇴직이 가까워진 분들의 고민 중 하나는 퇴직 이후에도 납입이 끝나지 않는 보험료이다. 따라서 보험료의 납입기간은 특별한 소득이 있지 않는 한, 경제활동기간에 최대한 맞추어 가입하는 게 올바른 보험 가입이다.

⑤ 어쩔 수 없는 갱신형과 선택 가능한 갱신형

갱신형 보험이란, 보험회사가 매년 또는 정해진 시점을 기준으로 회사의 손해율과 고객의 나이를 감안해 보험료를 인상하거나 인하할 수 있도록 한 정책이다. 그러나 보험은 갱신시점에 인상되는 경우가 대부분이다.

우리나라에 현존하는 실손 보험은 보험업법으로 갱신형으로 규정되어 있다. 보험회사가 고객의 치료비 예측이 불가능한 상황에서 특정 보험료로 확정지어 놓았을 때 보험사가 감당해야 할 손실금액이 너무 커지기 때문이다. 손실금액의 감당이 어려워 보험회사가 파산이라도 한다면 고객에게 더 큰 손실이 가해질 것이다. 그래서 정부는 실손보험료를 매년 보험회사가 지급한 돈과 받아둔 보험료를 감안하여 보험회사가 파산하지 않고 일정 수준의 이익을 얻을 수 있도록 매년 보험료를 책정하고 있다. 보험사들의 상황에 따라 다르긴 하지만, 최근 실손보험 하나로 매년 수백억 원씩 손실을 보는 회사가 있는 것 또한 현실이다.

이러한 실손 보험을 제외하고는, 모든 보험은 갱신형과 비갱신형을 선택할 수 있게 되어 있다. 따라서 갱신형과 비갱신형을 선택할 수 있는 경우, 되도록 비갱신형을 선택하기를 권해 드린다. 그 이유는 갱신형 보험의 보험료 납입 기간은 보장이 끝나는 기간까지, 즉 보장을 받는 내내 보험료를 지불해야 되기 때문이다. 100세 보장일 경우 100세까지 보험료를 내야 한다. 어떤 분은 100세만기 보험을 가입하고, "난 20년납 100세만기 보험이야, 보장내용도 충분해, 게다가 보험료는 엄청 저렴해." 라고 이야기 하곤 한다.

그러나 보험증서나 가입설계서를 차분하게 볼 필요가 있다. 물론 20년납 100세만기라고 되어 있긴 하지만, 그 보험 안의 일부 특약들이 3년만기 3년갱신이라고 되어 있다. 그 일부 특약에 관련된 보험료는 3년마다 갱신되면서 100세까지 보험료를 납부해야 한다는 의미이다. 만약 70세 시점에 인상된 보험료를 감당하지 못한다면, 보험 자체가 사라지게 되는 것이다.

지금 겨우 1만 원인 보험료가 앞으로 50~60년 동안 갱신된다면 보험료가 나중에 얼마가 될지는 아무도 모르는 일이다. 특히, 보험사마다 갱신률은 모두 다르다. 이는 실손보험에도 동일하게 적용이 된다. 간혹 실손 보험 하나로 모든 것을 해결하고자 하는 분들이 꽤 있는데, 이는 갱신형을 올바로 이해하지 못한 것이다.

보험은 복잡한 금융상품 중 하나이다. 올바른 정보를 제공하는 설계사를 만나야 나의 재정상황과 니즈에 맞는 보험상품을 제대로 가입하고, 필요에 따라 보장도 받고 활용하기도 쉽다. 걱정을 덜어내기 위해 보험 가입을 하는데, 불필요한 보험가입이나 잘못 전달받은 보험 정보로 오히려 걱정을 늘리는 경우도 종종 있다. 보험상품은 바른 설계사를 통해 정확한 정보를 듣고 올바르게 보험가입을 하는게 매우 중요하다.

지금까지 보험 선택기준을 간략하게나마 설명을 드렸다. 독자 모두 어떤 보험을 선택하든지 본인 스스로 복잡한 보험을 검토하고 결정할 수 있다는 생각보다는 전문가의 도움을 받을 필요가 있다. 그리하여 적절한 보험료와 충분한 보장으로 마음 편한 보험을 보유할 수 있고 안정적인 노후를 설계할 수 있을 것이다.

〈백만장자 시크릿〉이라는 책에서 "자기 주변 다섯 명의 평균이 나 자신이다."라는 글을 보고 나는 조금은 섬뜩함을 느꼈다. 내 주변에 가장 가까운 다섯 명은 누구란 말인가? 내가 주변 사람과 같은 수준의 삶을 살고 있다면 나는 내 주변 사람들을 어떻게 좋은 사람들로 채워 놓을 것인가? 나를 아주 혼란스럽게 만드는 아주 짧지만 강한 멘트였다.

나는 보험 일을 시작하기 전에는 내가 이렇게까지 성장할 것이라는 기대를 가지지 못했다. 요즘말로 금수저, 흙수저라는 말이 있는데, 나는 따져볼 것도 없이 흙수저를 입에 물고 태어났다. 그러나 단 한 순간도 흙수저를 입에 물려준 부모님을 원망한 적이 없었다. 가난했지만 꿈을 가지고 살아갈 수 있도록 나를 지원해 주신 부모님에 대한 사랑과 애절함은 남다르다. 나에게 보험 일은 어렵지만, 흙수저를 물고 태어난 나에게 금수저는 아닐지언정 내 인생을 은수저로는 바꾸고 있는 것 같다. 보험세일즈를 시작하면서부터 나는 언젠가는 내가 작은 성공이라도 이룬다면 그 작은 성공에 대해서 꿈을 포기한 사람들과 나누고 싶다는 생각을 많이 했다.

3년 전부터 교보생명의 다른 영업점에서 나의 성공사례를 공유해 달라며 강의를 요청하는 경우가 많았다. 처음에는 내가 무슨 공유할 컨텐츠가 있겠는가라는 생각에 거절을 많이 했다. 그러던 중 내가 거절할 수 없는 인연을 가진 관리자가 강의 부탁을 해서 어쩔 수 없이 강의를 한 적이 있었다. 처음 강의 준비를 하면서 나는 보험 일을 시작하면서 가졌던 목표, 작은 성공이라도 나중에 나눌 일이 있으면 많은 사람들과 나누고 싶다는 생각을 떠올렸다. 그래서였을까. 나는 1시간 강의를 위해 몇 날 며칠을 내 머릿속의 나의 영업노하우를 자료로 만들기 위해 준비했다. 그 첫 강의는 지금도 내 기억의 한편에 크게 자리잡고 있다. 나눌 게 없다고 생각했는데 듣는 사람들의 반짝이는 눈빛을 보고 생각이 달라졌다. 정말 열심히 메모까지 하면서 듣는 것을 보면서 '나도 이제 나눌 것이 있구나.' 가슴이 뜨거워졌다.

그 계기를 시작으로 오랫동안 강의를 다녔다. 생명보험에 대해서 느끼고, 같은 일을 하는 사람과 공유할 수 있는 경험에 대해서, 생각하는대로 메모하기 시작했다. 그리고 내가 10년 동안 보험 일을 하면서 느낀 점에 대해서 솔직하게 글로 표현해서 많은 사람과 공유하고 싶어서 집필을 시작했다. 물론 내 경험이 모든 사람에게 공통적으로 적용되지 않을 수도 있다. 그러나 적어도 금융지식이라고는 하나도 가지고 있지 않았던 내가 교보생명 12,000명 설계사들 중에서 1% 이내의 우수한 설계사가 된 내용이니 아무 가치가 없을 것이라고는 생각하지 않는다. 부디 독자와 동료 설계사들이 이 책을 통해 자신의 현재 위치보다 조금이라도 나은 성과를 낸다면 나의 고통스러웠던 집필 기간은 충분히 보상 받을 수 있을 것이다. 보험 영업은 정말 외롭고 고통스러운 일인 게 분명하다. 그러나 내가 평생 만나기 어려울 정도로 인격적으로나, 인성적으로나 훌륭한 사람들도 많이 만나게 된다. 그 사람들이 나의 주변에 다섯 명이 되어 내 가치를 높여 줄 것임에 틀림없다.

나는 어려서부터 나의 이루고 싶은 행복의 기준이 확고히 있었다. 부족한 환경에서도 이렇게 유쾌하고 긍정적으로 성장한 것은 누구나 그렇게 생각하듯, 아낌없는 부모님의 사랑 덕분이었다. 나는 부모님의 노후를 꽃길로 만들어 드리는 것, 이것이 내가 꿈꾸는 행복의 기준이고 목표이다. 내가 생각하는 부모님 노후의 꽃길은 다른 대단한 부가 아니라, 맛있는 것을 함께 먹으며 별 걱정 없이 편안히 지내실 수 있게 해드리는 것이다. 보험설계사로 지낸 10년 덕분에 두 분 나이 칠십이 훌쩍 넘어 이제는 "우리 딸 덕분에 맘편히 산다."라는 말씀을 듣게 되었다. 내 인생에 보험세일즈가 없었더라면 과연 이루어 낼 수 있었을까.

　이제는 가족과 함께 나에게 음으로 양으로 도와주셨던 주변사람들에게도 소소하게 베풀수 있는 삶이 행복하다.

　나는 행운아가 분명하다. 하지만 그저 우연히 오는 행운이란 없다. 행운은 반드시 계획하고 준비하는 사람에게만 온다. 단 한 번도 꿈을 꾸지 않은 적이 없었다. 늘 지금의 삶보다 더 나은 삶, 나의 꿈을 쫓아서 끊임없이 나를 자극하고 내 안의 열정의 온도를 유지했다.

　이 책을 읽는 모든 보험설계사들이 우리의 이 일을 통해 각자의 행복을 찾아가는데 절대 포기하지 않길 바라고, 고객과 나누는 삶을 통해 인생이 더 풍요로워지고 즐거워지길 바란다. 꿈은 우리가 믿는 만큼 이루어진다.

　한결같이 응원해주시며 10년을 함께해 주신 고객님과, 늘 나를 깨어 있게 동기부여 해 준 가족들, 가장 가까운 곳에서 함께 울고 웃어준 동료들, 소중한 나의 친구들과 또 일일이 거론할 수 없지만 많은 지인들 그리고 나의 완벽한 파트너 안지은, 김민정에게 깊은 감사를 드린다. 마지막으로, 많은 시간 함께 놀아주지 못해 미안하고 고마운 나의 귀염둥이 셋, 김율 김윤 김신에게도 고마움을 전한다.

부 록

기
고
문

융복합시대 종신보험의 진화

글 | **윤기주** (교보생명 프라임리더)

바야흐로 융복합 시대의 도래가 대세로 자리매김하고 있다. 보험시장 또한 그 대세를 피해갈 수 없다. 재무설계의 영역에 있어 각각의 재무목적에 맞는 최적화된 상품을 선택하는 것이 가장 좋은 방법이다. 예를 들어 가족보장은 종신보험, 노후보장은 연금보험, 질병보장은 CI보험을 가입해 보장을 받는 것이다. 하지만 양극화로 대변되는 지금의 세상에서는 하나의 상품을 통해 동일한 비용을 들여 다양한 혜택을 보고자 하는 것이 합리적인 의사결정이라 할 수 있다.

이런 융복합의 시대에 가족보장과 노후보장, 목적자금 마련 등의 대안으로 등장한 보험상품이 바로 저해지 종신보험이라 할 수 있다. 저해지 종신보험은 2015.7월 ING에서 출시된 이래 매년 그 판매량을 증대시키고 있는 종신보험의 새로운 트렌드라고 볼 수 있다.

저해지 종신보험의 특징을 한번 살펴보자. 납입기간이 도래하기 전에 고객이 보험을 해지할 경우 고객이 납입한 보험료의 100% 수준에 근접한 자금을 돌려받게 되는 구조이다. 고객입장에서 납입기간까지 유지만 할 수 있다면 일정한 목적(노후) 자금 마련에 더불어 사망보장을 동시에 아우를 수 있게 된다. 이른바 가족보장과 목적(노후)자금 마련이 동시에 가능하다는 것이다. 일반 종신보험이 납입기간이 종료되는 시점에서 고객이 돌려받는 해지환급금의 수준이 70~90% 수준에 불과한 것에 비해 두드러진 특징이다.

납입기간 이전에 해지환급금이 적다는 특징으로 인해 저해지 종신보험은 일반 종신보험에 비해 보험료 수준이 낮은 특징(일반 종신보험 대비 70~80%)을 보인다. 동일한 보험료라면 일반종신보험에 비해 더 많은 보장금액을, 동일한 보장금액이라면 더 저렴한 보험료로 제대로 된 보장을 받을 수 있다는 특징이 있다.

환급률 또한 저해지 종신보험이 일반종신보험 또한 높다. 저해지 종신보험은 납입, 유지에 따른 보너스를 도입하는 형태를 통해 납입 완료시점에 기납입 보험료 수준의 해지 환급금을 제공하는 것이 일반적이다. 일반 종신보험에 비해 원금도달 시점이 빠르다는 점은 향후 적립금의 확보수준을 높이게 되는 근간이 된다.

기존의 종신보험에 비해 저렴한 보험료, 높은 환급률이라는 특징을 지닌 저해지 종신보험에 대한 보험 시장의 트렌드를 감안해 볼 때 가입 추세는 조금씩 상향하는 모습을 보일 가능성이 크다.

이러한 추세에 더해 최근 보험업계는 다양한 질병 관련 특약을 개발해 종신보험에 부가함으로써 사망보장, 목적자금(노후) 보장뿐만 아니라 질병보장까지도 하나의 상품을 통해 해결토록 하는 융복합 보험 상품의 출시를 더욱 가속화하고 있다. 특히 질병 관련 부가서비스인 헬스케어 서비스 등을 일정 보장금액(1억) 이상의 종신보험에 부여함으로써 상품의 가입 매력도를 더 높이고 있다.

양극화의 시대에 각종 보장을 준비해야 하는 고객의 입장에서 동일한 보험료를 투입해 보다 다양한 분야에서 보장을 받으려고 하는 것은 당연한 추세이다. 이런 추세에 부합하는 저해지 종신 보험에 대한 관심을 보다 더 기울여야 하는 시점이라 말할 수 있을 것이다.

월간 퀸 2019년 4월호

100세 시대, 불확실한 미래의 확실하고 행복한 노후 준비하기

글 | 윤기주 (교보생명 프라임리더)

통계청에서 발표한 '2018년 고령자 통계'에 따르면 우리나라의 65세 이상 노령인구는 전체 인구의 14.3%로 유엔(UN)에서 정한 고령사회에 진입하게 되었다. 일본이 고령화사회(전체인구의 7%)에서 고령사회로의 진입에 24년이 걸린 반면, 우리나라는 17년 밖에 걸리지 않아 고령화 속도는 다른 선진국을 크게 앞서고 있다.

또한 한국의 저출산 기록은 OECD(경제협력개발기구) 기록을 새롭게 하고 있다. 2018년 합계출산율이 0.98명으로 OECD국가를 통틀어 '1명 미만'을 기록한 국가는 우리나가 유일하기 때문이다.

45.5%로 50%에 육박하지만, 2015년 기준으로는 2017년 기준 65세~69세 고용률은 43.6%를 나타내고 있다.

결국 노후에 먹고 살 준비가 되어 있지 않아 취업 전선에 나서는 노인이 많다는 반증이다.

재무적으로 행복한 미래를 준비하기 위해서는 장기적인 관점의 노후설계가 필요하다. 요즘과 같은 저성장, 저금리 구조에서는 재정적 상황을 효과적으로 개선하고 자산을 증식하기 어렵기 때문이다. 과거 안정적인 은행에 예·적금을 가입했던 고객들도 낮은 금리수준에 만족하지 못하고 투자형 상품으로 갈아타려고 하고 있다. 하지만 주의해야 할 사항이 있다. 높은 수익에는 그만큼의 높은 위험을 내포하고 있기 때문이다. 예·적금이 Low Risk, Low Return(저수익 저위험)이라면 투자는 High Risk, High Return(고수익 고위험)이다. 그러므로 어느 한 쪽에 All-in 해서는 결코 만족스러운 결실을 가져오지 못하게 된다.

특히나 효과적인 노후설계를 위해서는 불확실성을 최소화하고, 늘어난 기대수명에 맞춰 수익구조를 최적화 할 필요가 있다. 불확실성 측면에서 보면 저금리구조에서는 인플레이션의 위험이, 투자상품에서는 원금 손실의 위험이 대표적이라 할 수 있다.

변액연금보험은 고객이 납입하는 보험료를 주식과 채권 등 투자형 펀드로 운용하여 그 수익을 고객에게 연금형태로 돌려주는 상품이다. 특히 생명보험사만이 종신토록 지급하는 연금을 선택할 수 있기 때문에 기대수명이 늘어남에도 효과적인 노후생활비로 활용할 수 있다. 또한 장수위험에 대한 연금보험의 기능을 보장하기 위해 투자실적에 따라 적립액이 변동하더라도 연금지급 시에는 납입원금을 보증하는 게 일반적인 변액연금보험의 특징이라 할 수 있다. 하지만 장기간의 시간이 흐른 상태에서 납입원금만 보장 받아서는 효과적인 노후 생활비의 활용이 어렵게 된다.

이에 교보생명보험에서는 '미리 보는 내 연금 교보 변액연금보험'을 통해 납입원금뿐만 아니라 납입기간과 거치기간에 연 4~5%의 이자를 적립하여 최소 연금액을 보증하고 있다. 투자 실적이 좋지 않아 원금이 손실되더라도 연금개시까지 유지하게 되면 최소한의 '적립원금+@'를 연금액으로 보증하고, 투자실적이 좋은 경우에는 더 많은 연금액을 받을 수 있는 것이다. 이 상품은 가입 시점에 연금개시 시점에 수령할 수 있는 최소 연금액을 미리 알 수 있어서 '미리 보는 내 연금'이라는 이름을 갖게 된 것이다.

앞으로 초고속으로 다가오는 초고령화 시대를 어떻게 대비하느냐는 선택의 문제가 아니라 생존의 문제가 되고 있다. 최근 은퇴를 앞둔 50대의 가처분 소득이 2008년 이후 최대 폭으로 감소되었다는 통계청의 발표가 있었다. 눈앞에 다가온 소득절벽에 다다라서야 속도를

늦추고자 하지만 이미 늦은 형국이다. 소득절벽에 대비하는 것이 필수적인 상황이고 가장 효과적인 방안을 찾는다면 장기적 준용을 통해 Low Risk Long Return(낮은 위험으로 오랫동안 수익을 가져다주는 구조)이 되는 변액연금보험에 가입하여 안정성과 수익성, 종신 수취구조를 모두 갖춰가길 권유한다.

월간 퀸 2019년 5월호

고령화 시대의 동반자 - CI 보험

글 | 윤기주 (교보생명 프라임리더)

고령화로 인한 노인인구의 증가는 필연적으로 질병에 대한 고민을 깊게 만드는 요인이 아닐 수 없다. 특히 한국인의 10대 사인 중 두 명 중에 한 명이 걸린다고 하는 3대 질병(암, 심장질환, 뇌혈관질환)과 2018년 65세 이상 노인 인구 중 10명 중 1명이 걸려 있다는 질병 치매는 그 무엇보다도 대비를 꼭 해놓아야 한다는 사회적인 공감대가 형성되어 있다고 해도 과언이 아니다.

이러한 질병을 보장하는 방법으로 1차적으로 생각해 볼 수 있는 금융상품은 아무래도 질병보험이라 할 수 있다. 암을 보장하는 암보험, 2대 질병을 보장하는 보험, 치매보험 등을 개별적으로 가입하는 것도 하나의 방법이라 할 수 있겠지만, 이러한 질병 이외의 질병 그리고 사망 보장 등을 하나의 상품을 통해 해결할 수 있는 CI보험의 가입을 고려하는 것도 또 하나의 방법이라 할 수 있다.

흔히들 CI(Critical Illness) 보험은 중대한 질병만을 보장하는 상품이라 죽을 지경에 이르지 않으면 보험금을 못 받는 것이 아니냐고 한다. 사람들의 오해를 많이 받고 있는 보험상품이라 할 수 있다. 특히 손해보험사에서는 CI 보험을 리모델링 해야 할 1순위 상품이라고 언급하며 개별 질병에 대해 다양한 특약으로 보장하는 손해보험사의 상품을 가입하는 것이 최선의 방안이라고 광고를 하고 있기도 하다.

하지만 CI 보험의 보장 내역을 살펴보면 한국인의 10대 사인 중 3대 질병과 치매를 포함하여 7~8가지의 주요 사인을 보장하며, 손해보험사의 광고처럼 죽을 지경에 이르러야만 보험금을 지급받을 수 있다는 내용은 사실이 아니라는 것을 각종 질병에 대한 보험금 지급 사례 등에서 쉽게 살펴볼 수 있다. 최근에는 손해보험사의 상품처럼 주요 질병으로 가기 이전의 질병(일명 Pre-CI질병) 등에 대해 보장해주는 각종 특약 등을 추가할 수 있게 함으로써 당뇨, 고혈압 등의 대사 증후군의 관리뿐만 아니라 소액암, 허혈성 심장/뇌질환, 스텐트 치료, 협심증 등에 대해서도 입원, 수술, 진단 자금 등을 지급하고 있는 상품들이 인기를 끌고 있다.

보험료가 비싸다는 일각의 의견은 일견 타당해 보이기도 한다. 하지만 생명보험인 CI보험의 가장 큰 장점은 질병뿐만 아니라 일반 사망에도 보험금을 지급한다는 점에서 그 이유를 찾을 수 있다. 질병에 걸려 큰 돈이 필요해도 보험금을 지급하고, 질병에 걸리지 않고 일반 사망을 하더라도 보험금을 지급하는 CI보험의 특성상 보험료가 일반 질병 및 재해사망 등을 보장하는 손해보험 상품에 비해 비싼 것이 아닌 듯싶다. 또한 일정 연령 이후 건강을 유지할 경우 CI보험을 연금으로 전환하여 노후 생활비 마련 또한 가능하다. 각각의 질병에 대해 최적의 보장을 하는 다양한 보험을 가입하는 것이 좋은 방법일 수는 있지만, 경제적 납입 여력이 제한적인 여건 하에서 CI보험의 가입을 통하여 주요 질병에 대한 보장을 유지하면서, 각종 특약을 통해 일반 질병 등을 보완해 나가는 것을 충분히 고려해 볼 만하다. 아울러 CI보험의 가입을 통한 질병보장 뿐만 아니라 사망보장, 노후보장을 동시에 해결할 수 있다는 점을 꼭 언급하고 싶다.

강의 후 나눔글

안녕하세요. 어제 수원에서 강의하실 때 보니까 내용도 너무 와 닿고 강사님 성격도 제가 너무 닮고 싶은 스타일입니다. 제가 되게 소심하고 소극적이거든요. 강사님께서 평든 고객께 보내신다는 문자내용과 광화문글판 내용에 사진을 넣어서 활용하신다는 거, 제가 앞으로 일하는데 정말 도움이 될 것 같아요. 감사합니다.
– 광교중앙지점 정명열 FP

오늘 에너지 넘친 강의 너무 감사합니다. 22차월인 제게는 고객관리를 어찌해야 하는지가 고민되는 시점이었거든요. 리더님 고객분들은 너무 좋으시겠어요. 공유해 주신 문자도 너무 좋아요. 많이 배우겠습니다.
– 동수원지점 박은정 FP

열정 넘치는 강의 너무 좋고 마음에 확 들어왔어요. 어렵게 쌓아온 활동노하우를 아낌없이 동료들에게 나눠주는 마음 또한 고맙네요. 목표대로 멋진 FP로 롱런하실꺼라 믿고 응원합니다.
– 역삼지점 김정미 FP

사실 요즘 많이 흔들리고 있었는데, 오늘 강의 듣고 너무너무 힘이 되었어요. 나도 해보자, 할 수 있다는 생각이 들었습니다. 오늘 강의 내용처럼 저도 실천해 보려고요. 들었던 강의 중 제일 마음에 와 닿았습니다.
– 부천지원단 이민영 FP

저는 입사 9차월이고요, 어학연수 도전 중에 있습니다. 스스로에 대해 자신이 없고 할 수 있을지 확신도 없었는데, 어제 강의 듣고 큰 감동을 받았습니다. 감사합니다. 항상 긍정적인 마인드로 즐거운 이벤트들과 회사에서 제공되는 서비스를 적극 활용하라고 하신 말씀 꼭 새겨듣고 실천해 보도록 하겠습니다. 혹시나 제가 잘 되면 윤기주 FP님 덕분입니다.
– 남부평지점 김미현 FP

오늘 강의 너무너무 좋았어요. 감동입니다. 그 힘 받아 리더님을 닮도록 노력하겠습니다.
– 강동지점 장복순 FP

오늘 강의 정말로 좋았습니다. 힘 빠지고 있었는데, 다시 한 번 원동력을 되찾게 도와주셔서 감사합니다. 늘 당당한 리더님으로 자주 와 주세요~
– 등촌지점 강숙희 SM

감사합니다. 앞으로 걸어 가야할 미래에 기대를 갖게 되는 시간이었습니다. 그리고 리더이자 동료이자 굉장히 멋진 사람을 알게 되고 함께함에 감사를 드립니다.
– 황보순옥 FP

리더님, 오늘 강의 짱이었습니다. 앞으로 영원한 팬이 될게요. 쉬는 주말, 열정의 강의 감사드리며 앞으로 함께 승승장구하고 저의 도전과 결과를 함께 기뻐해 주세요.
– 장정희 FP

강의 후 나눔글

안녕하세요. 오전에 강의듣고 문자부탁드린 신입FP입니다. 오늘 강의 너무 좋았습니다. 저도 고객들 만날 생각에 두근대더라고요. 문자내용 좀 전수받고 싶습니다. 부탁드립니다.
– 대성지점 위상미 FP

이번 과정을 통해 회사를 사랑하고 그 우수성을 알고 그 시스템을 잘 활용해야 한다는 것, 그리고 W에 대해 생각하는 계기가 되었고, 평든 고객에게 다가가 이야기 할 꺼리가 많이 생겼어요. 감사합니다.
– 오자영 FP

진심어린 강의에 깊은 것을 배운 과정이었습니다. 열정에 감사하고 저는 다른 세계로 들어가는 계기가 되었습니다. 뜻깊은 시간 감사하며, 모두 한발 더 나아가 성장하길 바랍니다.
– 김미희 FP

리더님의 열정 넘치고 통통 튀는 강의에 시간 가는 줄 몰랐답니다. 무엇보다 "전 보험이 좋아요. 앞으로 75세까지 일할 거예요."라고 하셨던 말씀에 긍정에너지가 충전됐어요. 승승장구하시길 멀리서 응원할게요. 참, 저도 주W의 목표를 가지고 열심히 달려 볼게요.
– 금천지점 김기옥 FP

안녕하세요. 토요일 강의 너~무 인상 깊었습니다. 나름 롱런을 목표로 일하고 있었는데, 선배님 목표를 듣고 아하! 싶었습니다. 자료도 너무 예쁘게 잘 만드시고 임팩트 있는 컨셉 선물도~ 대단하신거 같아요. 많이 배우고 싶네요.
– 메트라이프 김진숙 FSR

2년 전 여름에 강의를 듣고 오늘 다시 듣게 되어 반가웠어요~ 표정도 너무 환하고 즐기며 일하는 모습, 저도 그런 사람이 되고 싶습니다. 계속 이야기 듣고 싶고 같이 있고 싶은 사람은 누구라도 좋아할 수 밖에 없겠다는 생각이 들었습니다. 또한 성공하는 사람은 절대 운이 아닌 노력으로 이루어짐을 몸소 보여주셔서 감사드립니다.
– 조영남 FP

지금까지 들었던 특강 중에 가장 실질적이고 가슴에 남는 감동과 도전을 불러 일으키는 명강의였던 것 같아요. 저는 소장으로 10여년 생활을 보내며 진정한 보험인으로서 영업현장에 이제 막 발을 내딛은 초보입니다. 리더님의 강의를 떠올리며 현장에서 멋지게 활약할 스스로를 꿈꾸는 소중한 시간이 되었네요. 감사합니다~
– 장귀순 FP

소중한 주말시간에 좋은 강의 너무 감사드립니다. 윤기주 강사님의 강의 들을 때마다 감사한 숙제가 주어지는 듯해요. 숙제 완성을 위해 열심히 뛰어보겠습니다. 항상 건강 챙기시고 화이팅하는 12월 되세요~
– 강동제일지점 김현미 FP